渡瀬裕哉 著

日本人の知らないトランプ再選のシナリオ

奇妙な権力基盤を読み解く

産学社

はじめに――トランプ大統領は予測不能なのか

「米国のドナルド・トランプ大統領は予測不能である。」

筆者がたびたび耳にするトランプ政権評で、読者諸氏もそのように感じている方が多いのではないだろうか。これは全くの〝ウソ〟とまでは言わないが、米国政治、とくに現代の共和党を取りまく情勢への〝無知〟から来る評価だと言わざるをえない。米国のリベラルなメディアは、トランプの言動に対して、大統領に当選する以前から「理解不能で危険」と酷評を繰り返してきた。わが国のメディアや多くのコメンテーターらもその受け売りでトランプ大統領・共和党に対する無知をさらけ出してきたのである。

トランプが当選する以前から筆者は、日本とワシントンD.C.を行き来しながら、日本人がほぼ見当たらない米国保守派の政治業界に出入りし、その動向を伝えてきた。早稲田大学の研究員の肩書はあるものの、研究論文を書くよりは、実践的な予測情報を政治や経済の実務家に提供することを重視してきた。米国政治の分析を本職とする大学の先生方へのレスペクトから一度も「学者」を名乗ったことはなく、自分の活動内容を称する際にはアクティビストまたはアナリストと名乗っている。

2017年1月にトランプが大統領に当選して以来、筆者の活動にヘッジファンドをはじめとした金融機関の方々への情報提供が加わった。きっかけは、大統領選でヒラリー当選確実という無根拠な情報が喧伝され、日本国内で既存の米国情勢分析の信憑性が失われたことであった。共和党を取りまく政治思想、政治権力構造、さまざまな指標の観点から解析した筆者の手法を評価いただき、仔細は割愛するが、現在では世界的なヘッジファンドや日本を代表する金融機関など約20社からのご依頼で講演やスモールミーティングをサービスとして提供させていただいている。

当初は、私のような政治の畑の人間に依頼があることを不思議に感じたが、それらの活動をはじめてみると、その背景を理解できた。「共和党保守派」に関する知識、とくにその政治思想に関する分析が学術的にも実践的にも整備されておらず、多くの方々がトランプ・共和党保守派の政治行動に当惑していたのだ。従来までの日本におけるトランプ分析・共和党分析の解像度が極めて低いことによる弊害は明白だった。

2018年7月頭にトランプが中国との貿易戦争を本格化させたことを受けて、あるテレビ番組に呼ばれて他の出演者の方々と意見交換をした際に、筆者の「共和党支持者は自由貿易を支持している」という発言に対し、他の出演者の方から「数年前から共和党支持者は保護主義的になっている。渡瀬さんの意見は間違っている」と指摘される一幕があった。正直に申し上げるならば心外だったのだが、同時に極めて論外であるとも思った。本文中でも日本人の典型的なトランプ・共和党への誤解を解説していくが、この手のリベラルな米国メディア・大学・研究機関による「共和党保守派への中途半端な理解の受け売り」がトランプや共和党保守派の政治行動を正しく分析することへの妨げとなっているからだ。

普通の日本人の感覚では「共和党支持者は『自由貿易〝協定〟』を問題があるとしてとらえていても、『自由貿易〝自体〟』については別の認識をもっている」ということがわからない。実際に共和党保守派の人びとの政治思想を理解し、そのなかに入って会話して初めて理解できることも多く、机上の空論の限界を感じた次第だ。その場ではあえて反論はしなかったが、「共和党支持者が保護主義的になった」という米研究機関の世論調査の解説などは今後の貿易戦争の顛末に対して世論をミスリードしていく典型的な言説になるだろう。

本書は筆者が米国政治の分析をする際に心がけているエッセンスを抽出したもの

だ。公開されているデータおよび独自の保守派へのフィールドワークを分析のベースとし、大統領選挙以前から就任後1年半程度のあいだに起きた出来事について整理したうえで、中間選挙および中間選挙後に関して複数パターンのシナリオを予測している。過去の出来事の分析も筆者がリアルタイムで同時代的に分析を行ってきた内容をまとめたものである。これらは、トランプ政権を分析する視座のポイントを理解するためのケーススタディのようなものとしてとらえてほしい。過去の出来事への視座は将来に起きる出来事の予測精度を向上させるうえでも有意義なものとなるだろう。

筆者のように日本と米国を行き来しながら、時折共和党保守派の団体などの欧州・アジアの国際会議に呼ばれて参加している存在は極めて稀有であると自覚している。筆者は日本の大企業・大学・研究機関に所属しても米国研究のための研究予算を受け取ったことはなく、または外務省に調査予算をいただいたことも一度もない。そのことは筆者が何物にも拘束されることなく、自由に正しい分析を提供できる基盤となっている。逆に、筆者の情報が実務的に役に立たないとクライアントが判断した場合、筆者の活動は粛々と終了することになるだろう。(現在までのところ、クライアント数は右肩上がりで増加しており、その心配はなさそうであるが。)

本書の末章には日本政府および日本人のための未来に向けた政策提言をまとめた。

とくに今後の日本の生き死にに関わる米国や中国などのスーパーパワーとの関係について政策立案を行う人材の育成は急務である。日本には米国のエスタブリッシュメント系の人びとのパイプは政界・官界ともに十分に存在しているが、急速に台頭する共和党・民主党内の非エスタブリッシュメント系との関係および彼らへのまともな分析・考察は皆無に等しい。そのため、志がある若者は自らシンクタンクを設立して資金調達・人脈開拓する道を選んでほしいし、そうでない人はそうした取り組みをぜひとも応援してほしいと思う。

最後に、筆者が読者に向けて一つだけ断言できることがある。それは世界的なエスタブリッシュメント（既得権・世襲）の確立と非エスタブリッシュメント層の対抗、という2つの巨大な地殻変動が起きているということだ。この巨大な時代の地殻変動の結末は予測不能である。なぜなら、現代を生きる人びとが自らの手で創り上げていくものだからだ。本書が志ある人びとに世界で何が起きているのか、を知る機会を提供し、未来を創る一助になれば幸いである。

２０１８年９月

渡瀬裕哉

目次

カバーデザイン:黒岩二三
DTP:㈱ティーケー出版印刷

2016

トランプ大統領を読み解くキーファクター

1. トランプは米国政治を「ハック」したアウトサイダー

なぜ、メディアや識者はトランプ大統領誕生を予測できなかったのか

(A) 共和党保守派に通じる情報ソースの不在

ある出来事について理解を深めるためには、その出来事の現在の姿だけでなく、その出来事が起きるに至った経緯を背景事情も含めて正確に理解することが重要である。トランプ政権の現在を理解するためにはトランプ政権の誕生過程を考察することが極めて有効な方法だ。むしろ、「トランプ大統領誕生までに何があったのか」を詳細に知らなければ、トランプ政権の一連の行動について「ほぼ何も正確に理解できていない」と言ってもよい。トランプが予測不能だという一面的でデタラメな解説が拡

がった理由も、2016年の大統領選挙に関して、米国政治の分析者らが「本来当然になされるべき分析作業を行わなかったこと」または「メディアに流された都市伝説で満足したこと」に起因する。

そこで、本書の第1章ではやや迂遠ではあるものの、2016年大統領選挙について日本のメディアで流布されている内容とは全く異なる視点、つまり共和党を取りまく権力闘争の視点から概観していこうと思う。トランプという共和党側から見た異分子（アウトサイダー）がどのように共和党をハック（乗っ取り）し、そしてホワイトハウスを手中に収めたのかを知ることが分析の第一歩となる。トランプが共和党の諸勢力と築いた対立・協力関係は、2017年の政権発足以来の行動に直接的に反映されており、その理解を助けるうえで大いに役立つものとなっている。むしろ、2018年11月の中間選挙後の政局展望の複雑性が増している現状においては、トランプの当選要因に関する分析の価値はさらに増していると言えるだろう[※1]。

日本ではトランプ当選の過程について共和党内の権力構造の変化を踏まえた分析をほとんど見たことがない。実際に選挙・政局に携わった経験がある実務者がいないた

※1 トランプ当選までの詳述された分析に興味がある方は拙著『トランプの黒幕 日本人が知らない共和党保守派の正体』（祥伝社、2017）を参照されたい。本書第一章は追記を含んだ分析の抜粋となる

め、この当然になされるべき考察が誰にも見向きもされなかったのだろう。日本の政治家・有識者の多くは、いわゆるジャパン・ハンドラーズという米国の東アジア外交の専門家を中心とする集団との関係が密接であり、情報の取得・分析のための経路が偏った状態となっている。トランプ当選後に情報収集ルートの修正が部分的になされたように見えるが、日本の政治家・有識者の訪米時の面談者などを垣間見るに依然としてこの過去のルートとの関係が強力であることは明白だ。

ただし、このジャパン・ハンドラーズとされている人びと、とくに日本でも名前を耳にするマイケル・グリーン氏らは、2016年の大統領選挙のなかで「Never Trump」という反トランプ署名運動を実名で行った経緯がある。そのため、トランプ政権発足当初は彼らの根城となっているCSIS（米国有数の外交・安全保障のシンクタンク）はトランプ政権から干されていた。最近では政権とCSISの関係は修復されてきているという話もワシントンD.C.で耳にするが、少なくともこれらの人びとが「なぜトランプが当選できたのか」を聞く相手ではないことは確かだろう。

さらに、米国メディアでもトランプ当選について筆者が納得できるものは少なかった。その原因は米国メディアの大半は「民主党（ヒラリー）を支持していた」うえに、自らがトランプに敵対的なエスタブリッシュメントに属している人びとが多いことにある。そもそも米系メディアの人びとは、共和党、とくに同党の選挙の主力を担う保守派との接点は極めて少なく（場合によっては毛嫌いしており）、ましてトランプという共和党からも逸脱したアウトサイダーについて、敵対的な党派色を抑えた報道がなされるインセンティブはなかった。したがって、それらの情報を鵜呑みにして報道することに疑問を感じない日本メディアは、ヒラリー勝利を既成事実かのように報道していたし、多くの日本人有識者はトランプ勝利の報を受けて、その理由を求めて一種のパニック状態になった。

日本人が頼りとしてきたジャパン・ハンドラーズと米国メディアは、トランプ当選プロセスの解析では役に立たないものであることを自覚し、われわれ日本人は丁寧な情報分析によって正しい情勢を再認識する必要がある。そのため、まずは日本国内で流布された間違った「都市伝説」的な分析を否定し、客観的に確認できるデータに基づく分析を行っていく。

（B）まことしやかに語られた「隠れトランプ」論のウソ

トランプがヒラリーに勝利した要因として、大統領選挙直後から盛んに取り上げられた要素が「隠れトランプ支持者」の存在であろう。一般的に、隠れトランプ支持者とは、本来はトランプに投票する意向であったものの、世論調査などでは自分自身の投票意向をカミングアウトせず（むしろヒラリー支持を公言すらしながら）、実際の投票行動はトランプに投票した人びとのことを指す。

米国メディアが自分自身の予想が外れた理由を説明する言い訳としてでっちあげた「隠れトランプ支持者が原因」という説明に、トランプ当選の理由づけを探していた日本のメディアはすぐに飛びついた。大統領選挙の開票が行われた直後から連日のように「隠れトランプ」はメディア上で連呼された。ＴＶコメンテーターなどが「私は最初から隠れトランプで勝負が決まると思っていた」と言い出す始末で、お茶の間では「あなたの知り合いも隠れ○○」みたいな感じで面白おかしく流行語のようになってしまった。

筆者は「隠れトランプ支持者が勝敗を決めた」という言説は、３つの理由から最初から疑わしい都市伝説だとみなしていた。１つ目の最も簡単な理由は、大統領選挙当日まで世論調査上わからなかった存在が突然選挙当日になって実体をもったかのように話される違和感である。つまり、後付けの理由、単なる言い訳にしかすぎないのは当初から明らかだった。２つ目は米国民は自分の支持政党・支持候補を述べる際にほとんど躊躇《ちゅうちょ》しないということ。仮に躊躇すると仮定するなら、それは「トランプ支持では馬鹿だと思われる」という偏見が蔓延する業界（メディア・大学）だけの話であり、少なくとも両者の支持が拮抗している勝敗を決めた地域で「隠れる」必要がない。そして、３つ目はトランプ支持者とされる人びと以外に選挙を決定づけた要因を独自に分析していたことが挙げられる。この点については、２０１７年の政権発足後の展開にも関わるので次節以降で詳細に説明していきたい。

実はこの隠れトランプ説は眉唾物として米国で切り捨てられていることは意外と知られていない※2。大統領選挙翌年の２０１７年5月4日に世論調査に関連する主要な大学・研究所の２０００人以上の専門家で構成される「米国世論調査協会」が「隠れトランプ支持者説」は正式に根拠が薄いと報告書を公表したのだ※3。報告書は「隠れトランプ支持者はインタビュー形式と自動音声形式の世論調査で回答が異なるはずであるが、その差に有意な差が見られなかった」としている。つまり、回答者がトランプ支持を恥ずかしいと思うなら、人間か機械かで答える際に差異が生まれるはずだ

※2 「日本の『トランプ分析』は全部デタラメだ」プレジデントオンラインhttp://president.jp/articles/-/20617
※3 「An Evaluation of 2016 Election Polls in the U.S.」American Association for Public Opinion Research

が、そのような傾向はみられなかったというのだ。日本ではいまだにこの誤報とも言える「隠れトランプ支持者」が大統領選挙の勝因として通用しているが、このような都市伝説的言論は早々に棄却されるべきだろう。(同報告書は世論調査が必ずしも正確ではなかったとされる原因を調査したもので、報告書は世論調査の精度が落ちた理由をアンケート調査のサンプル構成の偏りに求めているが、政治の世論調査に手慣れた分析者なら調査結果を見て偏りの按分も見極めて分析するので実務上はそれほど問題にならないと思う。)

さて、最も有力とされた「隠れトランプ支持者説」は公式に業界団体によって否定されているわけであるが、では実際には何が大統領選挙を決める要因となったのであろうか。本章ではその要因を予備選挙・大統領本選の順を追って確かめていく。客観的に検証可能な選挙の数字・プロセスを確認していくことで、トランプというアウトサイダーが何をしたのか、そしてその結果が現在のトランプの行動にどのように紐づいているのかを認識する基礎情報が揃うことになる。なぜなら、トランプがどのように傲慢で、わがままで、パワフルな大統領に見えたとしても、民主主義国家で選ばれる存在である以上、実際には選挙戦の制約は受けており、選挙の姿には「大統領の全てがある」といっても過言ではないからだ。トランプの現在の国際政治上の行動も当然に選挙・政局の影響を受けたアウトプットであり、その理解の確度を高める作業は外国人である日本人にとっても極めて有益な示唆を与えてくれるものとなる。

トランプが選挙を勝てた本当の理由

(A) トランプ支持者＝「白人・低所得・低学歴・男性」は幻想

それでは、実際にトランプ支持者の実像についてデータで検証していこう。最初に読者が捨て去るべき根拠なき幻想はトランプ支持者＝「白人・低所得・低学歴・男性」という図式である。なぜなら、データ上確認できる本物のトランプ支持者はそのような人びとではないからだ。大統領選挙当時、米国大手メディアによってヒルビリーと言われる地方の貧しい白人労働者がトランプ支持者の典型のように描かれて、日本のメディアがワザワザ米国の片田舎まで足を運んでネッシーを見つけたかが如く神妙な顔で解説していたのは滑稽ですらあった。なぜなら、トランプは大統領選挙本選でニューヨーク州ですら37％を得票しているので、大都市近郊でも探せばすぐにトランプに投票した人間は見つかるのが実態だったからだ。

本物のトランプ支持者像を知るには、共和党内で大統領候補者の予備選挙が行われていた際、共和党の予備選挙候補者別の支持者の特性を参照することをお勧めしたい。なぜなら、共和党内で「予備選挙候補者が濫立している状況でトランプを支持していた有権者」はその他の共和党候補者を支持している層を除いた「純粋なトランプ支持者像」を表していると考えられるからだ。

結論から言うと、トランプ支持者＝「白人・低所得・低学歴・男性」が中心とするデータは存在しない。具体的な数字を挙げるならば、共和党予備選挙が開始された2016年1月アイオワ州予備選挙直前に行われたフォックスニュースが行った調査[※4]では、回答者全体の34％から支持を得ており、トランプの支持者の性別に大きな偏りもなく、学歴は全体として非大卒が多い傾向があったものの、大卒支持者からの支持率でも他候補者と比べてトップの数字であった。また、年収を5万ドルを基準にして分けた場合でも、5万ドル以上・未満のいずれにおいてもトランプの支持率は1位であった。つまり、トランプ支持者の実像は、共和党支持者という「小金持ちのやや保守的な傾向がある人たち」と大きな乖離はなく、ヒルビリーのような人びととは似ても似つかない存在である。

また、予備選挙の結果を見ても、保守的傾向が強い予備選挙初戦アイオワ州では保守派のテッド・クルーズに敗北しており、リベラルな有権者が多い第二戦・ニューハンプシャー州で1位になっていることから、共和党支持者から保守派として認知されていなかったことがわかる。要は、トランプは大衆に支持されるテレビスターとしての人気をもっており、共和党内のイデオロギー色の強くない一定割合の人に素朴に支持されているだけの候補者だったと言える。

さて、トランプが共和党予備選挙を勝ち抜けた理由はなんだろうか。それは「候補者が濫立していたこと」に他ならない。トランプ自身は予備選挙の趨勢を決定する初期・中期の予備選挙で20〜40%台しか得票していない。つまり、予備選挙投票者の過半数を制したことがほぼないのである。それでも多くの州で勝利を収めた理由は、クルーズ、ルビオ、ケーシック、ブッシュ、カーソンなどの有力な候補者が多数立候補（最大12人）しており、既存の共和党支持者の票が各候補者に薄く広く割れていたからだ。もちろんトランプが参加したこともあり、大きな盛り上がりを見せた共和党予備選挙参加人数は前回大統領選挙時・２０１２年と比べて激増していたが、その増加分だけではトランプが予備選挙に楽勝できるほど十分な数字ではなかった。

※4 FOX NEWS POLL, January, 18-21,2016

したがって、トランプは党内から十分な支持を受けることなく、予備選挙の政局状況をうまく利用して共和党を「ハック」したことになる。勝手に相手候補者同士がつぶし合いを演じたうえでの勝利、それこそがトランプの共和党予備選挙における勝利の理由なのだ。そのため、従来まで共和党を仕切ってきた共和党主流派、そして共和党主流派に対抗する形で勢力を形成してきた共和党保守派、という党内の二大派閥の両者から異質な存在として、敵対視または蔑視されることになった。トランプは共和党主流派からは選挙戦中の過激なイスラム蔑視や移民政策などで人間性が問題視されており、保守派からは奔放な結婚遍歴を含めたニューヨークの大金持ちへの違和感を持たれつづけていた。

また、その経済政策に関する主張は共和党のメインストリームとは異なる民主党左派的な「大きな政府を目指す」政策が含まれており、共和党内では保守派の対極となる左派系候補と見る向きもあった。予備選挙が終わった段階ではトランプに共和党内の味方はほぼ存在せず、まさにポピュリズム的盛り上がりと党内分裂によって共和党大統領候補者に制度上選ばれた「望まれざる大統領候補者」が一人屹立することになったのである。

（B）トランプを勝利に導いた共和党保守派

次に共和党内で孤立無援であったトランプが大統領選挙本選で「なぜヒラリーに勝つことができたのか」について検証しよう。この理由は大きく分けて「敵失」と「援軍」の2つの理由が存在している。

「敵失」とはヒラリーが「極めて人気がない」候補者だったことだろう。当時、日本ではヒラリーが盤石な候補者かのように報道されつづけていたが、それは事実とは正反対の虚報であった。大統領選挙の勢い自体は共和党のほうが優勢であることは、共和党側の予備選挙参加人数が前回と比べて激増していたのに対し、民主党側は横ばいまたは微減になっていたことからも明らかだった。さらに、接戦州では世論調査の差が一桁しかなかったにもかかわらず、油断していたヒラリー陣営は現実を正しく認識できず、勝負を決するラストベルトの諸州のキャンペーンの手を抜いて、共和党が強い南部諸州をひっくり返す歴史的勝利を目指すという意図が見える傲慢な選挙戦略を取っていた。

共和党予備選挙中に最後まで残っていた4人、主流派のケーシックとルビオ、保守派のクルーズ、そしてトランプの4人とヒラリーが戦った場合、本選結果がどのようになるかを予測した世論調査なども活発に行われており、予備選挙当時、主流派の2人はヒラリーに楽勝、保守派・トランプはヒラリーに敗北という結果が公表されたこともある。共和党自体の勢いは民主党と比べて相対的に強かったが、ヒラリーが強く見えた理由は弱小候補者のトランプが選ばれたからに過ぎなかった。（ちなみに、同調査などでは下馬評とは異なり、ヒラリーの予備選挙対抗馬だった左派のサンダースは共和党の全ての予備選候補者に支持率で優越していた。）要はトランプ・ヒラリーが接戦になった理由は共和党・民主党の双方がベストの候補者を選んだわけではない、という党内事情によるということだ。

しかし、これだけではトランプがヒラリーに逆転勝利できた説明としては不十分である。では、アウトサイダーのトランプはどのように大統領選挙を「ハック」したのだろうか。その秘密は2016年8月NYタイムズの報道で明らかになっている。その報道とは共和党内で孤立して支持率も思わしくなかったトランプは、急速に台頭する共和党保守派のある大口資金提供者に面談したというものだ※5。その人物こそがロバート・マーサーである。マーサーはヘッジファンドで成功した人物であるが、近年では反エスタブリッシュメントを標榜して共和党保守派系の団体・シンクタンクに資金提供を拡大する異色の資金提供者であった。今回の共和党予備選挙においては保守派のクルーズへの資金提供を行っていた主要人物の一人である。

前述の通り、トランプと保守派の関係は疑心暗鬼（むしろ、トランプは保守思想とは対極の人物と思われていた）の関係にあり、その不信感はトランプが共和党の予備選挙候補者全員参加が前提の2016年3月頭に開催された保守派の年次総会CPAC（Conservative Political Action Conference）をボイコットしたことで頂点に達していた。しかし、その潮目はトランプ・マーサー会談を境に一気に転換していくことになる。資金不足が問題化していたトランプ陣営は、クルーズの資金管理を行っていたスーパーPACを自らの組織に鞍替えし、その後次第に保守派の草の根団体の指導者によるトランプへの支持表明が行われていくようになった。共和党保守派は豊富な選挙運動力をもつネットワーク化された集団であり、本人の知名度だけで組織力を持たないトランプを補完する「力」を形成した。本来であれば単独ではヒラリーに勝利することができないトランプが保守派の政策を丸のみして手を組むことによって値千金の逆転勝利を狙ったのである。そして、トランプは保守派を取り込むことに成功した結果、夏過ぎからトランプ・ヒラリーの支持率が拮抗する団子状態に持ち込むことに成功した。

※5「How One Family's Deep Pockets Helped Reshape Donald Trump's Campaign」New York Times ,Aug, 18,2016

選挙投票日直前、支持率が拮抗した両者の勝敗はどのような要因で決したのだろうか。それはまさに「運」だったと言える。トランプとヒラリーが熾烈なデッドヒートを演じる脇で、リバタリアン党・緑の党という2つの泡沫政党の候補者が出馬していた。この二党の候補者は二大政党の不人気候補者の影響を受けて、普段は1％前後の得票率を数倍にまで伸ばしていた。そして、実は、勝敗を左右する接戦州（スウィングステート）で両党いずれかの得票数をヒラリーに加算した場合、ヒラリーの勝利が確定していたのである。2016年大統領選挙に出馬していたジョンソン元ニューメキシコ州知事は社会的な自由を求める左派リバタリアン（LGBT容認など）であり、民主党の支持基盤から得票が流れてしまった。オバマは選挙終盤で「第三極に投票することはトランプに投票するのと同じ」とラジオ番組などで訴えたが、ヒラリーの不人気はオバマが危惧した状況を作り出してしまったのだった。もしもリバタリアン党の候補者が極度な経済的自由を訴える右派リバタリアンであった場合、大統領選挙の結果は違ったものになっていたかもしれない。（同党候補者はシリアの首都も知らないほどの国際情勢音痴であり、共和党支持者からの期待感は高まらなかった※6。）トランプがヒラリーを下した最後の要因は第三極の候補者が左派だったという「運」だったと言える。

米国政治をハックしたトランプの選挙戦略

(A) 必要な時に必要な勢力と組む

トランプが予備選挙で勝ち抜いた理由は「候補者の濫立」、大統領選挙本選で勝利した理由は「敵失(ヒラリーの不人気)」「援軍(共和党保守派の合流)」、そして「運(第三極の候補者の存在)」であることを確認した。「隠れトランプ支持者説」などは無根拠な幻想であり、トランプ勝利の理由は合理的に説明可能なものである。

ところで、トランプ自身はこれらの政治環境に対して能動的に事態を打開するために何も動きを示さなかったのであろうか。実際にはトランプは与えられた環境を最大限に利用するべく、積極的な施策を常に展開しており、本節では「トランプ自身が予備選挙・大統領本選挙で何をしてきたのか」を人事面・広報面の観点から分析していく。それらを通じてトランプの動きを分析すると、諸勢力との貸し借りの蓄積やメディアへの対策など、トランプの2018年現在の状況に通じる「共和党、ホワイトハウ

※6「'What is Aleppo?' THIS is Aleppo」CNN,Sep ,08 ,2016

ス、メディアに対するハック」の形跡を把握することができるからだ。

トランプの選挙戦略上、最重要事項の一つは「どのような人物を選対本部長に据えるのか」ということであった。なぜなら、選対本部長は選挙の方向性を決めるだけでなく、各人独自の経歴と人脈をもっており、その人事を知ることによってトランプの選挙戦に対する意図が明確となるからだ。トランプ大統領は予備選挙から大統領本選挙を通じて、合計で3人の選対本部長を任命している。

最初にトランプが任命した選対本部長は、コーリー・ルワンドウスキーという若者だった。彼はもともと共和党系のリバタリアン志向が強い草の根団体の職員であり、2015年夏からトランプ陣営の選対本部長として活躍した。とくに初期のトランプ節の振り付けなどを考案した人物とされており、彼が長年政治活動に携わったニューハンプシャー州の予備選挙ではトランプ勝利の立役者として名前が挙げられていた。しかし、彼は大統領選挙全体を仕切れるような大物とみなされる人物ではなかったため、トランプは共和党予備選挙での指名が確定すると、共和党主流派と関係が深いとされたポール・マナフォートに選対本部長を切り替えた。

マナフォートには予備選挙中に深刻化した共和党主流派との関係を改善することが期待されていた。しかし、このマナフォートの起用は2つの理由で失敗することになる。共和党の大統領候補者指名受諾演説の段階になっても依然として共和党主流派はトランプへの反発を続けており、マナフォートの共和党主流派との関係改善努力はほとんど機能しなかった。さらに、マナフォート自身が親ロシアの元ウクライナ大統領のロビイストを務め、政権発足後も尾を引くことになるロシアとの不適切な関係（ロシアゲート問題）の一部が表面化することになったからである。

大統領本選挙に向けた態勢づくりに窮したトランプは、前述の保守派の新興財閥であったマーサーとの面談に臨むことになる。そして、現れた3人目の選対本部長がケリーアン・コンウェイである。ケリーアン・コンウェイは保守派で知られた世論調査専門家であり、2012年大統領選挙では保守派のギングリッチ元下院議長のスタッフを務め、2016年共和党予備選挙ではクルーズ選対の中心を務めた人物である。3人目に保守派から人材を登用したトランプ大統領の人事戦略が功を奏し、トランプと保守派のあいだで同盟関係が成立したことは前節で触れたとおりである。

ここからわかることは、トランプ大統領の選挙戦にはイデオロギー的なこだわりはなく、共和党の主流派と保守派のあいだには大きな溝があるにもかかわらず、その両者と組もうとした痕跡があるということだ。さらに人事戦略の特徴として人間関係上のつながりというよりも、「必要な時に必要な勢力と組んで相手をハックする」という方針が明確であった。このスタイルは大統領就任後も継続していくことになり、トランプ政権の頻繁な人事交代を暗示するものとなっていた。

ちなみに、この3人目の保守派との連携が行われる過程のなかで、マーサーが送り込んできた人物の一人がスティーブ・バノンである。マーサーはバノンが運営していたブライトバートニュースという右派メディアのパトロンであり、「トランプの黒幕」と揶揄されたバノンは彼単独の影響力というよりもマーサーの代理人としての側面が強かった。

(B) 政治的信念より、政治的勝利の実現を目指す

トランプの米国を「ハック」する選挙戦略の対象には「既成メディア」のハックも含まれる。選挙期間中、CNNやワシントン・ポストのような既成メディアは、トランプの一挙手一投足まで連日のように報道しつづけざるをえなかった。なぜなら、トランプがTwitterで自らの意見を頻繁に発信することで、既成メディアに選挙のための論点設定を許さなかったからである。既成メディアは次々と公表されるトランプのTwitter上のコメントを後追いし、その内容について賛否(ほとんど批判的だったが)

の議論を行うだけの機関に成り下がっていた。つまり、メディア上で起きる物事の中心は常に「トランプ一色」となったのである。そのため、トランプ陣営は対立陣営と比べてはるかに安価にパブリシティを獲得し、効率的な露出戦略を展開することができていた。

そのうえ、トランプ陣営はメディア露出が最大化されている状況を利用し、「必要な時に必要なことを伝える」戦略を取っていた。トランプがメキシコ国境の壁の設置を高らかに宣言し、イスラム教徒の入国禁止を初めて主張したとき、共和党内は予備選挙の最中であった。当然であるが、共和党予備選挙の投票者には、不法移民に同情的な人びとは少なく、ましてイスラム教徒は極めて少数である。そのため、トランプの過激なメッセージは「共和党予備選挙」という限定された空間のなかで新人候補者として一定の注目と支持を集めるには効果的なものだった。

一方、トランプは大統領選挙本選時には過激な発言をやや抑制するようになり、公式な発表物からもイスラム教徒の入国禁止は姿を消すことになる。そのうえ、自分自身のTwitterにはタコスを食べながらヒスパニックに対して友好的なコメントを堂々と投稿して多くのリツイートを得た。これは大統領選挙ではヒスパニック系、少数のイスラム教徒はもちろん、穏健な中道派の人びとからの得票を確保することが必要だったからである。そして、大統領選挙終了後には、大統領就任後の政権運営に必要となる保守派に配慮し、イスラム教徒の入国禁止に相当する内容を自身のHP上で復活させている。つまり、トランプは自分自身の主要な政策として認知されていた同主張であっても二転三転させることに躊躇しないことにも特徴がある。トランプの言動が目指すものは「政治的信念を実現すること」ではなく「政治的勝利を実現すること」だと言える。

トランプ自身の代表的な著書『The Art of Deal』の作中において、選挙の応援で一人を選ばなくてはならないことを悩んでいた友人への助言として「勝つほうを応援しろ」と断言した流儀は現在も生きている。トランプ流のメディア「ハック」は大統領就任後も継続しており、メディアは常に振り回されつづけている。日本においてもトランプほど米国大統領がメディアに登場することは稀なことだ。多くの読者はすでにトランプの術中にはまったメディアによって違和感がなくなっているかもしれないが……。

以上の選挙の最重要人事、そして重点公約の扱いを見ても、トランプには政治的信条はほとんどなく「勝利」という信念が存在しているだけだと言えるだろう。もともとトランプ自身は共和党員ではなく、政党への所属をコロコロと都合に合わせて変えてきた人物である。その人が大統領選挙を通じて、アウトサイダーとして米国を「ハック」するという離れ業をやってみせたわけで、そのプロジェクトは成功だったと言えるだろう。そして、その権力維持・拡大に向けた飽くなき意欲は政権発足後も同様に続いていくことになる。

2. 閣僚人事は、トランプを動かす勢力図

トランプ大統領の権力基盤

(A) 大統領選で起こった「二重の政権交代」

トランプ大統領は政治的に孤立無援な状況から共和党保守派を味方につけて大統領になった。では、そもそも共和党保守派とは一体どのようなグループであろうか。そして、共和党内で保守派が対立する共和党主流派との違いは何であろうか。共和党政権であるトランプ政権の動向を理解するうえで、読者諸氏はこの2つのグループの特徴と相違について理解する必要がある。

共和党内には建国の理念を体現する合衆国憲法に対して忠誠を誓う保守派というグ

ループが存在している。保守派の人びとは原理原則に従って行動するために政治的主張においても妥協はほとんどない。日本では護憲派というと憲法9条などに固執する左派のイメージがあるが、米国においては右派である保守派の人びとが護憲派である。

保守派の人びとにとっての原理原則とは「愛国心」である。そして、その忠誠の対象が米国である以上、その建国の理念が謳われた合衆国憲法の内容は絶対のものだ。筆者の知己である保守派の代表的な運動団体であるティーパーティー（茶会運動）のメンバーに「あなたの団体の日常的な活動は何か？」と質問した際に、「憲法を読むことだよ」という回答があったことは今でも印象深い思い出である。

そして、合衆国憲法、とくに「自由」について定められた修正条項は保守派の死守すべき価値観の結晶と言える。したがって、各条文から帰結的に導き出される政治方針が政策としてアウトプットされることになる。たとえば、財産権の保障＝減税政策・規制廃止、武装する権利＝銃規制反対、信教の自由＝キリスト教的価値観の擁護（人工妊娠中絶・同性婚容認の強制への拒絶）という具合に政策が創り上げられている。保守派の政策の選択肢には、それらに逆行する選択肢は最初から存在していない。その結果として「政府からの自由」が絶対視されるため、共和党保守派は「小さな政府」を求める政策を推進することになる。（ただし、その保守派の根っことなる部分は「愛国心」であるため、本来は「大きな政府」の政策に属する国防費増加・関税賦課などの政策が並立して存在するという奇妙な政策的な同居関係が可能となる。）

これらの政策的主張を展開する保守派は、米国内に広範な草の根ネットワークを有している。たとえば、茶会運動、減税団体、銃規制反対団体、キリスト教福音派、独立自営業者、農業推進団体、リバタリアン団体など、多種多様な価値観に基づく人びとが保守派の旗の下に集って活動している。彼らの合言葉は「(政府は) ほっておいてくれ」である。これらの草の根ネットワークは、大統領選挙だけでなく、連邦議会や州議会などの議会選挙において圧倒的な戦力を誇示している。とくに共和党内の予備選挙で議会候補者を決める際には、決定的な影響力があり、対立する主流派候補者を落選させて、保守派候補者を党の正式な候補者に押し上げる力は凄まじいものがある。そのため、とくに下院の連邦議会議員の多くは予備選挙で決定的な力をもつ保守派の草の根ネットワークの指導者たちに対して恐怖心を抱いている。

一方、保守派と対立する主流派の人びとは、教条主義的な保守派の政治的主張に対して民主党寄りの中道的な主張を行う傾向がある有力議員たちである。民主党側の「大きな政府」の政策にも理解を示しつつ、自らの地盤となる地域に利権構造を築くことで当選回数を重ねた重鎮議員のイメージだ。これらの政治家たちの名前は有力者として日本でも良く知られており、ブッシュ一族、ロムニー、マケインなどの大統領候補者になってきた人びとが主流派の代表格となる人びとだ。主流派は議会における投票行動が民主党に対して妥協的であることから、「Republican in Name Only（名ばかり共和党員）」として保守派から糾弾されている。筆者がワシントンD.C.郊外にある米国の保守派のトレーニング機関で保守派運動員養成プログラムを受講した際、講師の教えとして同じ党内の主流派を予備選挙で叩き落すことの重要性が強調されていたことは印象的だった。

連邦議会においては共和党が上下両院の過半数を制した状況となっているが、共和党内では保守派・主流派の勢力が拮抗した状況となっている。あえて傾向をとらえるなら、保守派最大の団体であるＡＣＵ（American Conservative Union）の連邦議員の投票行動に対する保守度評価指標を参考にすると、上院は主流派がやや優勢、下院では保守派が優勢の状況と言えるだろう※7。

主流派の人びとはその名称の通り、従来までは共和党内を仕切ってきた人びとであり、保守派の人びとは主流派に挑戦する立場であった。

※7 筆者が連邦議員たちを保守派・主流派に分類する際は、保守派最大の連合単体であるAmerican Conservative Union（全米保守連合）が公表している議員の保守度の指標（１００点満点）を参考にしており、その数値で80点以上の人びとを便宜上とみなしている

しかし、その関係は２０１６年の大統領選挙を通じて大きく変わることになった。なぜなら、共和党主流派に反目し、共和党保守派から支援を受けた「トランプ大統領」が誕生したからである。トランプ大統領の誕生とは、民主党から共和党への政権交代、そして共和党主流派から共和党保守派への政権交代という「二重の政権交代」を実現した出来事であった。

（B）トランプ大統領のバランス感覚

米国は三権分立が徹底した国である。大統領、連邦議会、最高裁判所が国家を運営するための柱として相互に牽制し合う優れた制度を有している。したがって、アウトサイダーであるトランプが大統領職を奪ったからといって、政治的に好き勝手なことが実現できるわけではない。そのため、トランプは安定した政権運営のために強い権限をもつ連邦議会のなかに味方をつくる必要があった。

大統領選挙の当然の帰結としてトランプが政権発足当初に政治的なパートナーとして選んだ勢力は共和党保守派であった。トランプは主要な閣僚ポスト、とくに共和党保守派がこだわる国内政策に関する閣僚ポストの多くを保守派に丸々明け渡す決断を下した。さらには政治任用ポストにも保守派からの人材を積極的に登用している。保守派にとってのトランプ政権を支えるインセンティブがガッチリと与えられた形となっており、トランプ政権の政権発足時の主要閣僚人事は共和党保守派が我が世の春を迎えていると言っても過言ではなかった。

一方、トランプと対立した主流派は保守派と比べれば閣僚人事や政治任用職から徹底的に干された状況となっていた。むしろ、主流派に属する人びとはプライドが高く、「トランプ政権に登用されなかった」というよりも「積極的に志願しなかった」というほうが正しい理解かもしれない。そのようななかでトランプ政権は主流派のキーパーソンのみを押さえる「少ない譲歩で最大の効果が発揮される」人事を行っている。

また、共和党の支持基盤でありながら、トランプと相対的に距離をとっていた軍人からも巧妙な人材登用を行っていることも印象的であった。トランプは自分に反対する人びとであったとしても外してはならないラインは死守する傾向があり、誰でもすぐ首にするという一般のイメージとは異なる人事政策を行っている。

また、ニューヨークからトランプ・ファミリーおよびその息がかかったメンバーを連れてきたことも特徴的であった。政権発足当初の経済閣僚の中心メンバーは、リベラルな傾向をもつゴールドマン・サックス（以下、GS）出身の金融マンが重要な地位を占めた。ＧＳ出身者は元民主党員であるものの、娘婿のクシュナーが連れてきた人脈として他の勢力に対するバランサーとしての機能を果たすことが予測されていた。このほか、通商政策関連のメンバーとしては対外強硬派が独自の人脈から起用されており、硬軟両面が合わさった人事がなされていた。

トランプがホワイトハウスを「ハック」し、議会諸勢力と交渉していくための陣立ての基本コンセプトは明確であった。大まかに概観すると、トランプは保守派に政治的に全面的に依拠しつつ、主流派・軍人とも手を打ちながら、それら共和党内の諸勢力と交渉するためのバランサーを揃えていたということになる。アウトサイダーであるトランプはこのような人事構成を取ることによって自らの権力基盤を維持・拡大していく選択をしたのであり、この人事戦略がそのまま政権発足後の政治行動・政策動向に反映されていくことになった。次節では各人事がどのような政策に反映されていたかをもう一段階掘り下げて検証していく。

トランプ政権発足時の閣僚人事が意味するもの

(A) ペンス副大統領を中心として団結する共和党保守派

トランプ政権発足に際して多くの閣僚ポストは保守派に明け渡された。そのなかで最も重要なポストは、ペンス副大統領であることは間違いない。なぜなら、トランプ政権の保守派人脈はペンスを中心に組み立てられたものだからだ。ペンスは直近の職はインディアナ州知事であったが、以前は連邦議会で下院議員を務めていた。議員時代のペンスは前述のACUの保守度評価で満点を取るほどの生粋の保守派議員として知られていた。実際、同氏が副大統領候補者としての指名受諾演説を行った際も、ペンスは自分がキリスト教徒であること・保守主義者であることを全面的に強調したスピーチを行っている。

また、トランプにペンスを副大統領候補に推薦した人物は、共和党保守派の最重鎮であるギングリッジ元下院議長であり、党内保守派から信頼も非常に厚い。大統領選挙勝利後に保守系最大シンクタンクであるヘリテージ財団で大口寄付者向けの演説を行ったのもペンスであった。また、ペンスの選挙期間中に顧問を務めたマーク・ショートが議会対策担当としてホワイトハウス入りしているのも興味深い。同氏はコーク財団というトランプと対立したリバタリアン系の大口献金者が支援していた団体の元責任者であり、ペンスはトランプ政権に敵対する勢力にも気脈を通じるバランス感覚を示している。

保守派は副大統領職だけでなく、国内政策に関する主要ポストの大半を掌握した。トランプ政権の予算方針を握る行政管理予算局長に保守派のミック・ムルバニーを任命した意味は非常に大きいものだった。同氏はメリハリのついた連邦政府予算を実現するための予算教書策定や大規模減税の実施に向けて奔走することになった。

個別の政策では保守派の支持基盤であるシェールガス・シェールオイル開発に関する規制緩和を進めるポスト（エネルギー省長官・環境保護局長官）、オバマケアの廃止を狙う厚生長官ポスト、学校選択制を導入するための教育長官ポスト、不法移民対策を担う司法長官、ビジネスの規制改革を担う中小企業局長、諜報活動・テロ対策を担うCIA長官、国際外交の正面に立つ国連大使などに保守派の人材を起用した。また、インフラ系の人材としてはペンスと州知事時代から関係の深い民営化推進派の投資銀行出身者をホワイトハウスのスタッフに取り入れている。保守派にとって喉から手が出るほど欲しいポストは全て掌握したと言える。

実はこの人事はトランプにとって政権運営上の脅威となる可能性がある人事ともなっている。なぜなら、合衆国憲法修正25条には、「副大統領と閣僚の過半数が賛成する」場合、大統領を罷免して副大統領が職務を代行できるとされているからだ。つまり、保守派副大統領および保守派からの閣僚への大量採用という状況は、トランプにとっては常に匕首《あいくち》を喉元に突きつけられた形になっていることを意味する。今日まで同条項が適用された事例は存在していないが、ペンスおよび保守派が本気になればトランプを罷免することはできるだろう。トランプがペンスに対して非難するコメントを行わない背景には共和党保守派からの強烈な政治圧力が背景にあると推察される。

（B）共和党主流派・軍部のキーパーソンは「落とす」

トランプ政権発足時には主流派からも数名閣僚に入閣している。そのうちの一人は上院共和党のトップであるミッチー・マッコーネル院内総務の妻であるエレーン・チャオである。共和党主流派は保守派と比べて公共事業などの政府支出を通じたバラマキを肯定する傾向がある。連邦議会議員はイヤーマークと呼ばれる紐付き予算を通すことで、各議員の地元選挙区に利益誘導を図っている。そのための最も大きな予算をもつ省庁がインフラ投資を司る運輸省長官であり、同人事は主流派対策が鍵となる連邦上院共和党への明確なメッセージとなっている。

また、主流派からはもう一名内務長官にライアン・ジンキが任命されている。内務長官は連邦政府の国有地の土地開発権限を掌握しており、エネルギー開発のためには国有地の規制緩和は不可欠であった。そのポストに主流派の議員連盟に所属している同氏（中間選挙上院選挙区でもあるモンタナ州出身）を起用したことは主流派ともエネルギー権益を分け合う意思表示としては有効であったように思う。一方、従来までは主流派の人びとが大きな顔をしていた外交・安全保障分野からは主流派はパージされており、あくまでも国家運営の中核は主流派ではなく保守派が主導することが明確になっている。

また、軍人に関しても権力基盤を確立するための布石としての側面が強かったように推量される。最も注目すべき人材はマティス国防長官だろう。２０１８年８月現在でもトランプはマティスへの批判を口にすることは滅多にない。その理由は何であろうか。筆者は「トランプとマティスの関係は良好」というよりも「マティスはトランプにとって脅威になりうる存在だから」と理解するべきだととらえている。

マティスがトランプとの関係で最初に名前が挙がったシチュエーションは、実は2016年4月頃に「トランプの対立候補として」であった。共和党予備選挙で指名獲得が濃厚になっていたトランプに対し、共和党内の反トランプ陣営は第三の候補者を立てる画策をしており、その白羽の矢が立ったのがマティスであった。結果としてマティスは出馬を辞退したものの、今でもトランプにとっては2020年の大統領再選を阻む最も大きな障害となる可能性が捨てきれない存在である。そのため、トランプがマティスを国防長官として政権内部に取り込んでおこうと思っても何ら不思議ではない。(そもそも国防長官への抜擢は大統領選挙出馬辞退の論功行賞的側面もある。)

その他の安全保障関連のメンバーの特徴としては選挙時からアドバイザーを務めたマイケル・フリンが国家安全保障担当補佐官としてホワイトハウス入りした。(ロシア問題で政権発足後約一か月で更迭。)マティスやフリンは選挙時に対立したネオコン人脈には属さない人びとでもあり、軍人の登用に関してはリスク対策と論功行賞が入り混じった絶妙な人材配置がなされていた。

(C) トランプ・ファミリー&バノン系列という異分子

共和党以外から政権発足時にホワイトハウス入りしてきたメンバーの中心はトランプ・ファミリー関係者である。最も代表的な人物は娘婿のジャレド・クシュナーであろう。同氏はトランプの懐刀として暗躍してきたユダヤ人であり、GS出身のコーン国会経済会議議長とムニューチン財務長官を政権入りさせるきっかけをつくった人物である。ニューヨークのビジネスマンらしく非常にリベラルな考え方をもっており、本来は共和党政権内には存在しえない民主党員でもある。そのため、政権発足後は保守強硬派であるバノンと度々衝突することになった。

また、クシュナーは中国やロシアとのビジネス上の関係も深く、妻のイヴァンカ・トランプとのあいだにつくった娘には「中国語のポエム」を読ませてSNSに投稿させてバズらせるほどの親中派ぶりを披露していた。もう一人の親中派の代表格がトランプの大統領経済諮問会議の議長に任命された投資家のブラックストーンだ。ブラックストーンはダボス会議などで習近平と昼食をともにするなど個人的に太いパイプをもっており、精華大学には自分の名前が付いた学院をオープンさせるなど筋金入りの親中派であった。

これらの親中派人脈に対抗する人びとがスティーブ・バノン首席戦略官、ピーター・ナヴァロ国家通商会議議長、ウィルバー・ロス商務省長官、ロバート・ライトハイザーUSTR代表という布陣であった。トランプは政権内に意見衝突を生み出すことで交渉を有利に運ぶことを意図しているのだろうが、対中国という文脈でも親中派・反中派の双方を組み込む傾向があった。これらのグループに属する人びとはトランプ政権内における対外政策において最左派・最右翼として対立することになり、トランプ政権の混乱を象徴する内部衝突を演出していくことになることが予期されていた。

以上のように政権発足時のトランプ政権は共和党内外の複数グループから構成される混成部隊であった。その中心は選挙で最大の功績を挙げた共和党保守派であり、共和党主流派・軍人に関してはピンポイントで重要人物が押さえられた形となっていた。そして、それら既存の共和党関係者だけでなく、トランプ独自の色となるトランプ・ファミリーを中心としたリベラル勢力、そしてバノンも含めた反中国通商政策担当者らが存在していたのも大きな特徴であった。

ここまで第一章ではトランプ政権の誕生までの背景事情を概観してきた。政権発足後のトランプ政権の分析に際して、これらの初期人事設定をベースとして、政権内部での勢力関係の変化を検証することで精度の高い予測が初めて可能となる。選挙・政局上、いずれのグループの意向を実現するために行われた政治行動なのかを検討することでトランプ政権の本質に迫ることができるようになるのだ。

【まとめ】トランプ政権を理解する基本的なポイント

▼トランプが共和党・ホワイトハウスを「ハック」した方法

(A) トランプは予備選挙・大統領本選挙をどのように勝ち抜いたのか。

- 「隠れトランプ支持者説」のように米国で正式に否定された仮説ではなく、2016年大統領選挙を数字で冷静に分析することで、トランプ政権誕生の背景事情を知ることができる。
- トランプが共和党予備選挙を勝つことができた理由は、共和党予備選挙に出馬した立候補者が濫立して、得票が各候補者に分散したことが原因。実際のトランプ支持者は共和党員の平均像である「やや保守的な小金持ち」である。
- トランプが大統領本選挙に勝つことができた理由は「ヒラリーの不人気」であり、「共和党保守派がトランプに選挙協力を行う方向で舵を切った」から。そのうえで、トランプ勝利はヒラリーに入るはずの票が第三極のリバタリアン党・緑の党に流れたことで生じた薄氷の上の勝利だった。

- トランプは大統領選挙中に必要に応じて最重要ポストである選対本部長を入れ替えて共和党各派との関係構築に取り組むとともに、常にメディア露出の費用対効果を最大化するべくTwitterを上手に使った。（政治的主張を時と場合によって変える柔軟さをもつ。）

（B） 共和党VS民主党、保守派VS主流派の二重の政権交代

- 2016年大統領選挙は、民主党から共和党への政権交代だけでなく、共和党内での主流派から保守派への政権交代でもあった。
- 連邦議会の上下両院は共和党が過半数を獲得しているが、実際には共和党は保守派・主流派でほぼ勢力が均衡しており、トランプ政権は保守派のみに政権基盤を置いている脆弱な政権である。
- トランプ政権の閣僚ポストの多くはペンス副大統領をはじめとして保守派によって牛耳られている。主に保守派が関心をもっている国内政策に関する閣僚

ポスト・政治任用スタッフへの人材登用が進んでいる。

- 共和党主流派および軍人に関しては押さえるべき人材を重要なポストに据えることによって、共和党内からトランプに対する反乱が起きることを未然に防止している。
- 政権発足時のメンバーとしてトランプ・ファミリーおよび経済閣僚にリベラル派を配置することで、共和党に対するバランサーの役割を果たすことが予測された。これらのメンバーは経済的なハト派でもあり、対中国に対しては穏健な姿勢を取っている。
- 同時に通商政策に関して対中強硬姿勢を取っているメンバーが政権入りすることで、中国に対して硬軟織り交ぜた対応ができるように人材配置がなされている。

(C) トランプ政権を分析するポイント

- トランプ政権を分析するためには政権を取りまく各グループの特徴と力関係を理解することが重要である。政策的なアウトプットは各グループの権力闘争の結果として出力されるため、正しい状況認識を行うことができればトランプ政権の行動は予測可能となる。

- トランプの動機は権力の維持・拡大であるという基本的な傾向を理解することによって、その臨機応変な態度変更を予測することは可能である。表面上の非論理的に見える言動はトランプ大統領のインセンティブを正しく読み解くことで分析することができる。

2017

就任1年目を読み解く

1. アウトサイダーから「保守派大統領」へ

保守派との奇妙な同盟関係の深化

(A) 政治的に〝弱い〟トランプ

前章でも解説してきた通り、トランプにとってのホワイトハウスは「砂上の楼閣」であり、その政治的な同盟者である共和党保守派によって実質的に支配された空間である。事情を知らない有識者らには、トランプはアンコントローラブルな何をしでかすかわからない大統領に見えたかもしれないが、2017年1月～12月までのあいだにトランプが実際に実行してきたことの大半は保守派の意向をそのまま政策に反映したものとなっている。むしろ、トランプとしても最初の1年間は「保守派からの支持を固める」ことで、共和党内で「アウトサイダー」の位置づけから「保守派の大統領」になるために尽力したと見るべきだろう。

日本で盛んに紹介される「トランプは共和党支持者から80%以上の支持を固めて盤石」という世論調査結果も解像度が低い分析によるものだ。この共和党支持者の80%という数字には誇張が含まれており、「積極的に支持する」「どちらかというと支持する」が半々で構成された数字だという詳細までは説明されない。各種世論調査に関する報道では、各調査項目の詳細まで取り上げられることが少なく、その「質」に関するレベルの議論はほとんど見かけない。

筆者の見解では、この数字が意味するところは「共和党支持者はトランプを支持しているのではなく、あくまでも「共和党の大統領を支持している」と読むべきだと思う。純粋なトランプ支持者は共和党支持者全体の20〜30%も存在していれば御の字であり、他の共和党支持者は自党の大統領を消極的に支持しているものととらえるべきだろう。筆者の保守派の知己も公の席ではトランプ支持と述べていても、非公式な食事の場になるとトランプへの嫌悪と諦観が混ざった微妙なコメントをする人びとも多い。(一方、民主党も中道派と左派で実質的に分裂しているものの、民主党支持者の反トランプ意識は根強く、反トランプ派の結束・勢いはかなり強い。)

したがって政治的に厳しい立場に置かれているトランプが生き残るためには、選挙時に構築した保守派との奇妙な同盟関係を深化させることで、党内に自らの応援団をしっかりと築くことが重要事項となっていた。トランプ大統領は2017年春に開催された保守派の年次総会（CPAC）にレーガン大統領以来35年ぶりに現職の大統領として出席した。筆者がほぼ毎年参加しているCPACはその時々の保守派内での力関係の変化やトレンドを観察するためにもってこいの場所であるが、主流派に属するブッシュ両親子は現職大統領時代に一度もCPACに参加したことはない。2016年共和党予備選挙中に保守派から支持を得ていなかったトランプもCPACは直前でドタキャンしている。

そのトランプが現職大統領として堂々と出席したことには隔世の感があった。同イベントにはトランプとペンスの姿を一目見ようと全国から保守派の草の根団体のリーダーが集まり、ワシントンD.C.近郊のホテルを貸し切ったメインホールは立ち見の人によって埋め尽くされる状況となった。トランプ自身は保守主義のコンセプトに則った演説でアピールし、トランプと一緒に出席したペンスは「トランプ政権は自らの人生のなかで最も保守的な政権である」と高らかに宣言した。この日はまさに共和党保守派にとっては勝利の凱歌をあげた日となり、トランプと共和党保守派の同盟が改めて確認された日にもなった。

ちなみに、トランプは大統領就任直後からロシアによる選挙介入および共謀の疑惑（ロシアゲート）に悩まされるわけであるが、自らの立場が窮地に陥りかねないスキャンダルが発生すると、ほぼ確実に保守派寄りの過激な言動を行うことで党内からの支持をつないできている。トランプが無実を主張するのに呼応し、保守派側も「リベラルメディアのフェイクニュースだ」などと主張することで援護射撃を入れてきている。トランプ政権と共和党保守派はいまや切っても切れない関係となっており、その一体化は政権発足1年目で極めて緊密なレベルまで発展したと言えるだろう。

そして、この両者の関係は政権2年目以降にトランプが保守派を飲み込みはじめる歪な形への変質を遂げていくのだが、その詳細は次章で取り上げる。本章では政権発足1年目の政治行動・政策動向を分析することを通じ、トランプ政権の基本的な行動パターンを概括する。

(B) 保守派が握る政策の優先順位

トランプ政権発足時の政策実現の難易度は、大統領の閣僚指名名簿に対する連邦上院議員の承認賛否の数で推し量ることができる。なぜなら、満場一致で選ばれた閣僚が推進する政策は難易度が低く、賛否が割れる形で選ばれた閣僚が推進する政策は反対票によって実現が阻まれる可能性が高いと想定されるからだ。

たとえば、政権発足当初に圧倒的多数からの賛成を受けた例は、マティス国防長官（賛成98・反対1）、ケリー国土安全保障長官（賛成88・反対11）、チャオ運輸長官（賛成96・反対3）、パデュー農務長官（賛成87・反対11）、シュルキン退役軍人省長官（賛成100・反対0）などである。つまり、安全保障系、テロ対策系、インフラ系、農業政策系などの閣僚は共和党・民主党から幅広い信任を受けて選ばれていることになる。

一方、賛否が割れた閣僚は、セッションズ司法長官（賛成52・反対47）、デボス教育長官（賛成51・反対50）、プライス厚生長官（賛成52・反対47）、ムニューチン財務長官（賛成53・反対47）、ティラーソン国務長官（賛成56・反対43）、ポンペオCIA長官（賛成57・反対42）、などである。移民政策（不法移民対策）、教育政策（学校選択制）、社会保障政策（オバマケア見直し）、財政金融政策（ドッド・フランク法見直し）、外交政策（イラン核合意見直し）などは共和党・民主党のあいだで当初から隔たりが大きい分野であることがわかる。

政権運営の安全運転を念頭に考えると、政権が議会と良好な関係を築くとともに、政権発足当初に簡単な政策的成果を上げながら、徐々に難易度の高い課題に取り組んでいく、というパターンも一つの選択肢である。トランプ政権の場合、政権発足当初から歴史的な支持率の低さを記録しており、低い支持率の着実な立て直しを図るためになおさら慎重な対応をするべきであった。従来型の外交・安全保障政策を継承し、そしてすでに設備更新を必要とする老朽化した国内インフラを早急に更新投資する、という案であれば連邦議会も大多数の国民も全く反対せず、トランプのイメージは超党派的な大統領として大幅に改善したことだろう。

しかし、実際にはトランプ政権は安全運転の無難な政権運営とは真逆の方向性に舵を切ることになった。なぜなら、トランプは超党派イメージを築けるほど大統領選挙期間中に連邦議会の共和党主流派および民主党とのあいだに良好な関係を築いていなかったからだ。むしろ、両者との関係は政権発足当初から破綻しており、共和党主流派側がかろうじて自党の大統領として是々非々の態度を取っていたにすぎないものだった。トランプが選挙期間中から最初の100日間で達成する公約を大統領選挙直前の10月下旬に発表していたことも事実ではあるが、無理筋な政権運営方針をごり押しした理由は背景となる政治的事情による影響のほうが大きかったと思われる。そのため、政権発足直後の100日間という期待値が最高値に高まる瞬間を利用して「共和党保守派」のアジェンダが全面的に実行される流れになったことは必然的だった。

筆者はトランプ政権の発足前に、共和党保守派の大物運動家である全米税制改革協議会のグローバー・ノーキスト氏、そして同団体の国際部門責任者のクリストファー・バトラー氏の2名から話を伺う機会があり、いまでも発言は鮮明に覚えている。全米税制改革協議会とは保守派諸団体を取りまとめる全米最大の減税団体であり、グローバー・ノーキスト氏はトランプ大統領が当選直後に同氏の祝辞をHPの一番上に掲載するほどの実力者である。曰く、「トランプ政権のアジェンダ設定は非常に明確である。第一にオバマケアの見直し、第二に減税政策を考えている」というものだった。

インフラ政策が共和党主流派や民主党に貸しをつくる政局上の手札として使えたとしても、共和党保守派は無駄なインフラ投資を徹底して嫌う傾向がある。そして、個人の選択権を失わせて膨大な財政赤字を生み出すオバマケアを葬り、私有財産を守って広く恩恵が及ぶ減税政策が優先されることも道理だ。そのため、政権発足後、彼らが言ったとおり、トランプはそのアジェンダ（政策課題）設定の順番で、実際に「賛否が分かれる大問題」に取り組んでいくことになった時、私は保守派の影響が決定的な状況になったことを確信した。

その後もトランプ政権の主要なアジェンダの優先順位は共和党保守派が設定したものであった。トランプ政権発足以来、次々と打ち出された政策の数々は、保守派の意向を実現するためのものであり、インフラ投資などの巨額の政府支出が伴う保守派の意向に沿わない政策はいまだ具体策が打ち出されるに及んでいない。中間選挙直前に大規模な政策を打ち出す可能性も残されているが、それらの政策が政権の政策課題として後回しにされたことは事実である。

(C) 濫発された大統領令・大統領覚書の理由

トランプが政権発足1年目に実行したことは「共和党内の基盤を固めること」であり、そのために「共和党保守派の意向に沿った政治行動」を行っていた。

共和党保守派がトランプ大統領に求めた最重要事項の一つは「最高裁判事への保守派の任命」である。米国における司法権の力は非常に強く、後述の大統領令の違憲判決をはじめとした事実上の拒否権をもっている。そのため、大統領による最高裁判事の指名、そして連邦上院議員による指名承認は党派的なゲームの様相を呈することになる。

保守派にとって新大統領に「賛否が割れている最高裁判事（終身）の欠損1名に保

守派を指名させること」は切実な問題であった。2016年2月に保守派のアントニン・スカリア判事が急逝し、オバマは翌3月に代替候補を指名したものの、上院共和党は承認採決・承認のための聴聞会を行わないという非妥協的な態度を貫いた。上院の共和党議員たちはオバマによる最高裁判事の指名を承認することを拒みつづけて、2016年の大統領選後に指名時期を引き延ばす戦略を取っていた。トランプも自身の本音はともかくとして、共和党保守派との政治的同盟を得るために、最高裁判事の任命を大統領選挙本選時の取引材料として使ったものと推測される。2017年2月1日にトランプは保守派のニール・ゴーサッチ氏を指名して保守派との約束を果たした。そして、4月8日に上院共和党は議事妨害（フィリバスター）を仕掛けた民主党を議会規則を変更する禁じ手を用いて退けて指名承認手続きを可決した。以後、トランプ政権発足後に連発された大統領令の違憲差し止め訴訟に対する判決などで、最高裁は保守派にとって有利な判決を出すように傾いていくことになった。

トランプが大統領権限を通じて就任1年目に実行した象徴的な行為は、大統領令・大統領覚書を濫発したことだろう。大統領令・大統領覚書は行政府の長である大統領が管轄下にある各行政機関に下す正式な命令のことである。これらは大統領が自らリーダーシップを発揮して政策を遂行していこうとするツールの一つと言える。しかし、実際に時の大統領が大統領令・大統領覚書に頼る背景には、そうせざるをえない事情が存在している。近年の大統領で大統領令・大統領覚書を濫発した人物はオバマである。オバマは「ペンと電話による統治」と称して、合計約500件の大統領令・大統領覚書を濫発し、数万ページに及ぶ規則を大統領令で創設したとされている。この背景にはオバマが連邦議会と完全に対立するレイムダック状態に陥っていたことにより、ホワイトハウスと連邦議会のあいだで友好的な立法作業を行うことが困難に陥っていたことがある。したがって大統領令・大統領覚書は、連邦議会の少数与党に支えられた大統領が行使するものとみなすべきものである。

共和党保守派という議会の4分の1程度からしか支持を得ていないトランプが大統領令・大統領覚書を大量に公表したことは当然の行為であった。事情をあまり理解していない日本のコメンテーターが「トランプの滅茶苦茶な暴走」という解説をしていたが、トランプの置かれた政治的環境を考えた場合、この方法以外に選挙時の公約を達成する方法は存在していなかった。トランプの大統領令・大統領覚書の大半は「保守派の意向」「中間選挙の準備」の2点で整理を行うことが可能である。そのため、予測不能とされたトランプ政権の意向は、大統領令・大統領覚書を丁寧に追いかけるだけで「ほぼ丸わかり状態」であった。

実際、政権移行チームで政策立案に携わったアド・マチダ氏が2017年3月に日経新聞の取材を受けた際に「政権運営はここまで90％うまくいっている。大統領令は30本程度が発令されたが、実はすでに200本ほど用意してある。移民問題、メキシコ国境の壁、インフラ整備、教育改革など14分野に分けて優先順位を付けた」「これからも大統領令を発していくだろう。大統領令は法的効力は大きくないが、大統領のリーダーシップを示すPR効果が期待できる」と述べている※8。つまり、昨年に発表された大統領令・大統領覚書は巷で喧伝されていたトランプの思いつきではなく、特定の目的とシナリオに基づいて予め用意されていたがものが臨機応変に公表されたものだと考えることが妥当だろう。

無意味な政治ショーが隠したもの

(A) スティーブ・バノンVSジャレド・クシュナーという「政治ショー」

本節ではトランプ就任1年を2017年1月〜12月までの政局上の出来事からまと

めていきたいと思う。最初に断っておきたいことは、メディアを賑わせたバノンやクシュナーらの衝突などは「無意味なものだった」ということだ。政権の話題を常にメディア上に踊らせて注目を集めつづけるという意味では効果的であったと思うが、トランプ政権の実際の政治行動を分析するうえではほぼ無視してもよいものだった。

その最たるものが2017年4月に行われたシリア政府軍基地への攻撃が「イヴァンカ・トランプの発言に大統領が影響されたから」という類の噂話だろう。この噂話は「アサド政権が子どもに化学兵器を用いた映像に心を痛めたイヴァンカが、大統領に攻撃を進言したことが攻撃の決め手になった」というもので、スパイサー報道官（当時）が4月11日に「大統領の決断の背景にイヴァンカの影響があったことに疑いはない」と認めたことで大騒ぎになった。

しかし、こんなバカな与太話を信じるほうがどうかしているわけで、メディアの典型的な話題作りとして一蹴すべきものだろう。実際には、シリア政府による化学兵器使用をレッドラインと定義して攻撃を決断した行為は、民主党のオバマがやると言ってできなかった措置であり、失墜した米国の権威を共和党の大統領が回復しただけのことだ。リベラルなメディアがオバマの失態を覆い隠すためにトランプの暴走として

※8 日本経済新聞「米大統領令『200本用意』 政権移行チーム元幹部に聞く」2017年3月15日

演出したにすぎない。

トランプ政権発足から約半年程度の表面上の話題は、バノン首席戦略官の暴走と娘婿のクシュナーらリベラル派の確執であった。それに輪をかける形でロシアゲートをはじめとしたスキャンダルと更迭が相次いだことで、トランプ政権は混乱状態に陥っていたように見えた。実際には、混乱状態があったとしたら、プリーバス首席補佐官のマネジメント力に問題があったかもしれないが、残りの表面的な動きは些事にすぎないものと思われる。

たとえば、バノン首席戦略官の暴走とされる事象も多くは保守派の意向に従った動きをしていただけのことだ。第一章でも触れた通り、バノンが政権内で独特の地位を保っていた理由は、大統領選挙時からの大パトロンであるマーサーの代理人であるからにすぎないことは明白だった。「トランプの黒幕」「破滅的な政治思想の持主」と持て囃されて、彼が愛読している書籍がベストセラーになったが、全くナンセンスな話だった。余談であるが、筆者は前述の保守派の重鎮であるノーキスト氏に面談した際、バノンの印象について尋ねたが、彼は少し困った顔をして「よく知らないやつだな」と言い放った。たしかに、バノンは保守派のなかでは浮いており、保守派の年次総会(CPAC)にも2017年まで一度も招かれたことがない外様であるが、それにしても流石に「知らない」はずはないので、筆者は彼のコメントを「あまり好きなやつじゃない」という意味だと受け止めた。

バノンは1月に政権発足した後に矢継ぎ早に連発された大統領令・大統領覚書、とくに「入国禁止の大統領令」と呼ばれたイスラム圏の特定国からの入国禁止の大統領令の発令を主導したとされた。その後も、国家安全保障会議に出席して、安全保障上の見地というよりもイデオロギー的な内容を振りまいたとされている。さらに、3月の一度目のオバマケアの見直しへの挑戦の際には、連邦議員らに対して無礼な態度で接して破談させた、と政権に敵対的なネットメディアに内部リークが暴露されることになった。(実際には保守派・主流派の軋轢が想像以上であったことが原因だろう。)バノンは一連の責任を取って、NSCの常席メンバーから降格、ホワイトハウス内での主導的な役割を失うことになった。

その後、6月頭のパリ協定からの脱退宣言などの際に保守派と連携して一時的な巻き返しを図るものの、8月のシャーロッツビルの左右両派の衝突の際の政治的ゴタゴタに巻き込まれてホワイトハウスを追放されるに至った。バノンがホワイトハウスを追放された際、トランプとマーサーが面談したことはバノンの位置づけを再確認する出来事だった※9。

※9「Bannon already met this week with a GOP mega-donor to plot his next steps」

その後、バノンは表面上はトランプを擁護しながら活動を継続し、12月のアラバマ州上院補欠選挙でトランプおよびマッコーネル院内総務の意向に背いて、独自の候補者を支援して予備選挙に勝利を収めたものの、本選挙では同候補者がスキャンダルでまさかの敗北。追い打ちをかけるように出版された政権暴露本で、トランプ・ファミリーを批判していたことが露呈したことで、年明け早々にマーサーがスポンサーとされるブライトバートニュースネットワークからも追放された。メディア上派手な立ち回りを演じたものの、バノンの功績は政策的にあまり意味を成したとは言えないものだった。

バノンに対をなす存在として、政権発足1年目に注目された人物はジャレド・クシュナー上級顧問だろう。トランプの義理の息子であり、主要な閣僚を推薦した経緯や外交的な役割も担っているため、実質的な影響力はバノンよりも強い人物である。しかし、メディアにおける取り上げられ方はトランプ劇場の話を面白くするために常に過大評価の対象であったように感じられる。

クシュナーが急速に注目を浴びた理由は、バノンがもつ極めて国家主義的な色が濃い政治行動を抑制する存在として期待されたことによる。その存在感はバノンとの確執のなかでシーソーゲームのように浮き沈みを繰り返した。前述の通り、バノンが

２０１７年3月に失脚したことに伴い、ホワイトハウス内ではクシュナーを中心としたアメリカンイノベーションオフィスが創設された。これはクシュナーの下にさまざまな政府機関の革新に関する情報を集約することを意図した組織であった。これはバノンがホワイトハウス内で狙っていたポジションそのものであり、バノンの失敗はニューヨーク系のリベラルなトランプ・ファミリー、そしてGS出身の経済閣僚らの台頭を意味しているように見えた。本節冒頭のイヴァンカを過度に持ち上げる言説などは、この前後につくられた政権イメージによって影響を受けたものだろう。

しかし、クシュナーもロシアゲート問題をはじめとした外国要人との接触問題で、7月中旬には共和党議員からもセキュリティ・クリアランス（機密事項に触れる権限）を取り上げる可能性を指摘さえされる事態に至った。そのプロセスでクシュナーは徐々に影が薄くなっていき、バノンのホワイトハウス追放後はメディア上ではほとんど目立たない存在になったと言えるだろう。

結局、ホワイトハウス内の左右のゴタゴタは両者が影響力を低下させる形で決着し、7月末にケリー首席補佐官が誕生したことで、２０１７年中はホワイトハウスの騒動はメディアの注目を集めることはほぼなくなった。米国のメディアはホワイトハウスの秩序が回復したと表現し、それを受けた日本メディア・有識者も同様の解説を行っていた。しかし、筆者の感覚ではこれらの表面上の政治ショーは端から無意味なものであり、単なるバノンとクシュナーを表面上の代理人とした保守派と主流派・リベラルの政治闘争であったように思う。そして、政権の生き残りにとって重要な「政策実現を通じた保守派大統領としての地位確立」という大目標は、それらの派手なマスコミネタを隠れ蓑にしながら粛々と達成されていった。次節ではその内容について解説していく。

（B）「減税・オバマケア見直し」ほか保守派の政策を粛々と実現

上記のような表面上の内紛の影で、共和党保守派は自らの意向を粛々と政策実現していくチャンスに恵まれたと言える。自分たちに敵対するはずのリベラルな大手メディアの紙面・放映枠をトランプ政権劇場が埋め尽くしたことにより、本来はメディア上で大問題として取り扱われるはずの政策イシューが何事もなかったかのように次々と成立していくことになった。

トランプが保守派のために２０１７年に実施した政策は山ほど存在している。ホワイトハウスは２０１７年12月にトランプ政権が同年に達成した成果を「President

Donald J. Trump: Year One of Making America Great Again」という形で12カテゴリー・81分野に分けて公表した[※10]。具体的には「経済と仕事」「規制廃止」「公正・互恵的貿易」「エネルギー優位」「安全保障・国土防衛」「治安対策」「アカウンタビリティ」「オピオイドとの戦い」「生命保護」「退役軍人」「力による平和」「アメリカへの信頼と尊重の回復」に各カテゴリーは整理されており、そのなかに、保守派の志向を反映した細目が散りばめられている。

カテゴリーの最上位に位置する「経済と仕事」で5・5兆ドルの大減税とオバマケア強制加入の廃止が強調されている。そのうえで、経済成長、雇用創出、株高、教育改革などが成果として取り上げられている。もともと経済は好調ではあったものの、年末ギリギリに保守派の期待に応えた2つの重い課題（減税・オバマケア）をクリアしたことの意義は大きかったように思う。オバマケアの見直しについては党内保守派・主流派が両極端な主張で割れた結果、3月・7月の二度の機会で失敗し、減税法案の付帯決議に個人の強制加入措置の見直しを盛り込む形で部分的に改革が実現されることになった。これも単独で審議した場合は実現が難しかったものをドサクサ紛れにサ

※10「President Donald J. Trump: Year One of Making America Great Again」2017,December 22
https://www.whitehouse.gov/briefings-statements/president-donald-j-trump-year-one-making-america-great/

ラっと入れ込んだ形となっている。

トランプ政権が達成した代表的な保守派の政策成果は「規制廃止」と「国防政策」である。規制廃止に関するメインターゲットは「2対1ルール制定」と「エネルギー規制廃止」だろう。ヘリテージ財団によると、前任者のオバマは2007～15年に2万本以上の規制を公布し、規制による経済的な累積損失を年間1兆800億ドル（10兆円以上）も出したとされていた[※11]。トランプは就任1週間で大統領令13771を発令し、新たな規制を一つ作るためには2つの既存の規制を廃止することを連邦政府機関に義務づけ、規制コストが民間経済に与える影響を慎重に管理するように指示した。その結果として、トランプ政権は新たな規制1本につき22本の規制を廃止するという驚異的な成果を生み出した。また、連邦政府は2017年中に計画されていた1579本の規制について、635本を撤回し、244本が活動停止、700本が延期され、それらの効果によって同年だけで連邦政府機関は、将来にわたる約1兆円弱の経済損失を削減することに成功している。

その他ビジネス上の規制廃止に関する成果として保守派の人びととの会話で頻繁に取り上げられる話題は、ネット中立性に関する問題だろう。米連邦通信委員会委員長にアジット・パイが就任し、各事業者のネットへの公平な接続を保証する過剰な規制が通信会社の設備投資や技術革新を抑えてきたことが問題視されて廃止された。この問題は一見して非常に地味な問題ではあるものの、米国の保守派が熱を入れて主張してきた問題の一つとして知られている。

またもう一つの重要政策である「エネルギー規制の廃止」としては、オバマが凍結していたパイプランの建設許可、メキシコ湾の開発計画の発表、火力発電所への規制強化（クリーン・パワー・プラン）の廃止、そしてパリ協定からの脱退などが挙げられる。これらの政策の結果として、オバマ時代に息の根を止められかけていた石炭産業やシェール産業が復活し、雇用・賃金増だけでなく、米国のエネルギー安全保障を強化することにつながっている。このような規制廃止に関する政策は大統領令などの形で就任半年以内に粛々と成立したものが大半である。本来であればメディアが大騒ぎするはずのものが、パリ協定などの一部のもの以外はストレートニュースのみで次々と成立していく驚異的な事態が起きていた。

「国防政策」も非常に分厚いラインナップとなっており、「軍の再建」「新国家戦略の策定」「核兵器の見直し」「現場への権限移譲」「宇宙戦略」「サイバー強化」「NAT

※11「Red Tape Rising 2016: Obama Regs Top $100 Billion Annually」2016,May 23
https://www.heritage.org/government-regulation/report/red-tape-rising-2016-obama-regs-top-100-billion-annually

O強化」「テロリストの渡航対策」「新イラン対策」「シリア空爆」「ベネズエラへの制裁」など多岐に及んでいる。特徴としては全体として中国をターゲットにした対策を立案している点が挙げられる。中国の軍事費増加および軍の近代化は大いに注目を浴びており、軍事費増を主張する共和党・軍部にとっては格好の予算増の材料となっている。また、トランプ政権はオバマ政権が主導した外交政策を転換させることも行っており、キューバ政策の見直し、シリア空爆による化学兵器使用のレッドラインの再設定、イランとの関係見直し、そしてエルサレムのイスラエル首都認定・大使館移転などを決定した。

これらの政策は全て共和党保守派にとっては必達事項であり、とくにエルサレムの首都認定については2017年のCPACでも言及されており、その公約が達成された形となっている。エルサレムの首都認定はクリントン政権時代に法制化されたが、その後大統領の権限で半年ごとに先送りにしてきた事案であり、トランプ政権も6月に一度判断を見送ったうえで12月に正式に認定する形に踏み切った。

この点についてはイスラエルに対して距離を取りぎみであったバノンが8月のシャーロッツビルの衝突で追放されたことが影響しているものと推察する。この際、白人至上主義団体と目された右派グループのなかに、実は反ユダヤ主義団体が存在しており、トランプが「左右はどちらもどっち」と発言したことで、保守グループの一つであるユダヤ系組織から猛烈な反発を浴びて、大統領の経済系の諮問会議が2つ廃止に追い込まれるなど、同グループの脅威的な影響力を見せつけられることになった。

上記の「減税・オバマケア見直し」「規制廃止」「国防政策」以外にも、その成果には不法移民対策、ギャング対策、中絶反対などで保守派が泣いて喜びそうな内容がてんこ盛り状態の1年目の成果であった。これらはメディアの注目を集めることなく人知れず実行されてきている。1年目のトランプ大統領はこれら保守派の願望を一つひとつ叶えていくことによって「保守派の大統領」としての地位を確立することに成功したと言える。

2. 2017年補欠選挙・州知事選挙で大苦戦

補欠選挙・州知事選挙は、中間選挙の試金石

(A) 下院の過半数維持はハードルが高い

トランプが表面的には無意味な政治ショーを演出しながら、実際には保守派の意向に従った諸政策を実現しているあいだに、米国の政治情勢はどのように変化していたのだろうか。2017年中の補欠選挙・州知事選挙の動向を分析することを通じて、2018年以降のトランプの中間選挙に向けた政治行動の意味合いを理解する視座を提供したい。

補欠選挙とは現職議員に何らかの理由で欠員が生じた場合に、その欠員を補充する

ために特別に行われる選挙のことである。日本でもその時々の党派の勢いを測るための指標として利用されるが、それは米国の政治情勢について分析する際にも有効な指標となっている。２０１７年の補欠選挙は下院で6回(4月1回、5月1回、6月3回、8月1回)、上院で1回（12月）となっている。本節ではこのうち4月・5月・6月の下院から閣僚人事で抜けた議席を埋める選挙（4回)、そして12月の上院からの議席を埋める選挙について、集中的な分析を行うものとする。（2州の州知事選挙にも若干触れるものとする。）

この5つの選挙を正確に分析することで、現在米国で起きている政治情勢のダイナミックな変化を掴むことができる。読者はそれらの補欠選挙結果の分析を理解することによって、トランプ政権の足元の弱さと焦り、そして民主党側の勢いの強さを確認することができるだろう。

最初に4月11日・5月25日に行われた2つの補欠選挙について概観したい。これはカンザス州（ペンペオＣＩＡ長官＊当時）とモンタナ州（ジンキ内務長官）の後任議席を巡る争いだった。２０１６年下院本選から２０１７年補欠選挙にかけて、カンザス州では共和党60・7％↓52・5％、民主党29・6％↓45・7％、リバタリアン党・その他政党9・7％↓1・8％、モンタナ州では共和党56・2％↓49・9％、民主党

40・6%→43・8%、リバタリアン党・その他3・3%→6・6%になっている。補欠選挙のほうが投票に行く人数は減る傾向があるため、地盤が厚い共和党有利の構図になるはずだが、わずか半年足らずで民主党が共和党と比べてやや優勢な状況に転換していることがわかる。

ただし、カンザス州・モンタナ州程度の数字変化であれば誤差の範囲とも言える。

一方、トランプ政権にとって重い課題を突き付けたのは6月に行われたジョージア州（プライス厚生長官＊当時）とサウスカロライナ州（ムルバニー行政管理予算局長）の選挙であったことは疑いない。ジョージア州の選挙区は、トランプ政権を支える最も重要な重鎮の一人であるギングリッジ元下院議長の地元選挙区であり、共和党保守派にとっては鉄壁の牙城とも言える場所だ。しかも、厚生長官に抜擢されたプライスはオバマケア見直し法案の責任者でもあり、共和党の主要政策の看板を背負った人物であった。

この選挙区で2016年下院選挙から2017年補欠選挙にかけて、得票率は共和党61・7%→51・78%、民主党38・3%→48・22%という結果となり、まさかの大接戦まで共和党は民主党に詰められる結果となってしまった。かろうじて共和党は勝利を収めたものの、長年下院議会選挙では楽勝を誇ってきた選挙区であるだけに事実上の敗北であったと言っても過言ではない。もう一方のサウスカロライナ州の選挙でも、得票率は共和党59・2%→51%、民主党38・7%→47・9%、その他2%→1%という大接戦を演じることになってしまった。こちらも共和党は議席を守ったものの、やはり盤石な勝利を手にしたとは言い難いものであった。

さらに、筆者が注目していた点は、6月の補欠選挙における民主党側の党勢の内実である。実は2016年選挙においてトランプはジョージア州の選挙区でヒラリーにわずか1%差の得票率で辛勝しており、議会共和党と比べてトランプ人気がかなり低い選挙区でもあった。共和党にとっては前述の通り鉄板選挙区であっても、トランプにとっては鬼門と言える特殊な地域とも言える。

そこで、民主党指導部はジョージア州の補欠選挙を本丸と位置づけて政治的リソースをジョージア州の補欠選挙に注ぎ込んだ。この際、民主党は補欠選挙の候補者であったジョン・オーソフに少額献金を全米から集中させる戦略を取り、下院候補者の資金額の記録を打ち破る巨額の資金を投入している。当初は左派寄りのキャンペーンスタイルで出発したオーソフの政治的スタンスは最終的には中道寄りとなり、選挙においてカをつけつつある左派とは最終的に距離が開いてしまった。結果として、オーソフのキャンペーンは共和党に危機感を与えたが、民主党内での最後の一押しがうまくいかず、トランプ・ヒラリーの大統領選時の差とほぼ変わらず消化不良の結果を招いた。（ただし、連邦議会議員選挙単体としては大躍進。）

一方、民主党指導部はサウスカロライナ州の補欠選挙を重視しておらず、候補者のパーネルは元GS幹部であるものの、100万ドルに満たない少額予算で独自の戦いを展開して僅差まで共和党候補者を追い詰めた。同氏は黒人票の掘り起こしの追加資金を党執行部に要望しても資金が得られず、十分な戦いを行うことができなかったが、得票率という意味の成果ではジョージア州の補欠選挙に匹敵する戦果をあげた。そのため、党内左派勢力はオーソフの中道的な姿勢を敗因として批判しており、民主党指導部・中道派と対抗勢力・左派の路線対立が表面化する状況となっていた。

伝統的な選挙観に立てばオーソフの中道寄りの姿勢は正しいが、筆者は左派の時流はそれを超えるムーブメントにつながる可能性があり、民主党が左派旋回をした場合に下院選挙で共和党に大勝する状況が発生しうると想定している。実際、補欠選挙が行われたジョージア州第6選挙区よりも民主党が優勢とみなされる選挙区は多数存在しており、共和党の下院の過半数維持は極めてハードルが高い目標となっている。

（B）州知事選挙の敗北と上院補欠選挙の惨敗

2017年は11月に2つの州知事選挙、そして12月にはアラバマ州の上院補欠選挙が行われた。共和党はこれら3つの重要選挙で敗北を喫している。ニュージャージー州は現職の共和党知事が引退し、バージニア州は現職の民主党知事が引退したことに伴う選挙であった。それぞれ共和党VS民主党の新人候補者同士が戦う州知事選挙となった。

ニュージャージー州は共和党知事であったクリス・クリスティーの人気が低迷しており、民主党候補が大差で勝利する見通しがもともと固い状況となっていた。一方、バージニア州知事選挙は共和党・民主党の双方が既存の政治的文脈とポピュリズムのあいだで揺れ動く興味深い結果を示していた。共和党の候補者であったガレスピーは元共和党全国委員会委員長の経歴をもつ主流派の人物である。ガレスピーはトランプを否定したわけではないが、あえてトランプと距離を取るキャンペーンを展開していた。（選挙終盤になってようやくトランプの大統領選時のキャンペーンスタッフを起用して南軍の銅像撤去問題と不法移民問題の広告キャンペーンを実施した。）

一方、当選した民主党のノーザム副知事はやはり左派系の主張から距離を取る形の中道派の候補者として選挙キャンペーンを展開し、世論調査上は当初は有利な情勢であったが、選挙終盤ではさまざまな変節と広告演出上のスキャンダルから支持を落とす状況となっていた。この選挙はトランプ路線ではなく共和党主流派が接戦選挙区で勝利することができるのかを問う試金石と言われていたが、結果として共和党は勝利を手にすることができなかった。

ちなみに、筆者の米国における宿舎はバージニア州にあるのだが、選挙直前期には共和党・民主党双方の陣営のチラシがポストに大量に投函されており、民主党側の最後のキャンペーンが銃乱射事件を受けた銃規制に関するタイムリーな内容であったことを記憶している。民主党と比べて共和党側はオーソドックスな従来からの主張を繰り返す内容であり、選挙戦の巧さ、その反応速度の速さという点でも民主党側に軍配が上がっていたように思う。

共和党主流派は12月のアラバマ州の上院補欠選挙の共和党予備選挙でも敗北している。トランプは補欠選挙本選で民主党候補者に勝てる候補者として、共和党主流派のミッチー・マッコーネル上院院内総務が推していたストレンジを推薦していた。しかし、この共和党主流派がつくった流れに反発したバノン（8月末にホワイトハウス追放済）が州最高裁首席判事在任中に宗教問題で裁判所と対立して2度退任させられたムーアを対立候補として擁立し、9月の予備選挙でムーアが勝利したことでトランプに一矢報いる事態となっていた。

ムーアは熱心なキリスト教支持者である旨をアピールし、予備選挙では宗教的信念に関する話題を盛んに振りまいた。しかし、ムーアは上院補欠選挙本選に向けたプロセスのなかで、過去の小児性愛に関する疑惑が浮上し、逆に自分自身の宗教的道徳観が疑われる事態に陥ってしまうことになる。その結果、鉄板の保守州であるアラバマ州での選挙にもかかわらず、共和党のムーアは民主党のジョーンズに敗れることになってしまった。この結果は上院のような幅広い選挙区を相手にする選挙戦では、トランプ支持者による熱烈な支持だけでは勝利を得ることが難しいということを示唆するものとなった。

バージニア州知事選挙とアラバマ州上院補欠選挙からは一つの興味深い考察を得ることができる。それは2017年の選挙情勢のままであれば、共和党がトランプから距離を取った主流派路線であっても、トランプ支持者にべったり寄り添っても、いずれにしても民主党に対して大苦戦するか敗北するかの状況となっているということだ。そのため、根本的な戦略レベルの見直しの必要性が明確に現れている状態となっていた。このような選挙情勢の認識は筆者だけでなくトランプ陣営も当然に共通のものであろうと思う。したがって、トランプ政権は２０１７年に「保守派大統領としての基盤」を固め切った後、２０１８年の中間選挙に向けて大胆な外交政策・通商政策上の問題に舵を切りはじめることになる。

【まとめ】
トランプ大統領は就任1年で最低限の足場を固めた

▼アウトサイダーから「保守派大統領」に

(A) 保守派に依存して生き残りを図るトランプ

・トランプは連邦議会において反トランプ派の議員に包囲されており、政治的に生き残るために共和党保守派と手を組み、35年ぶりに保守派総会(CPAC)に出席した現職大統領になった。
・トランプ政権の政策課題の優先順位は保守派の優先順位と同一のものとなっている。そのため、政局的にはいばらの道ではあるものの、オバマケア見直し・減税政策などが優先されることになった。
・トランプは大統領権限を行使して保守派の意向を次々と実現していく道を選んだ。大統領令・覚書は少数与党に支えられた大統領が濫発する傾向があり、オバマもトランプ同様に政権末期に頻繁に利用した。

(B) 表面上の無意味なショーと実質的な政策展開

- メディアが注目していたトランプ政権の表面上の内紛(バノンVSクシュナー)などは無意味な政治ショーであり、保守派が粛々と政策を実行していくための隠れ蓑にすぎなかった。
- 保守派の最も重要な目標は、終身制の最高裁判事の欠員に保守派のゴーサッチを当てはめることだった。トランプが約束を守り、共和党が議会承認をゴリ押しした結果、最高裁判事は保守寄りの構成になった。
- 2017年末にホワイトハウスは81項目の成果を公表した。その内容は保守派が求めていた「オバマケア見直し」「減税政策」「規制廃止」「国防政策」などがズラッと並んでいた。

▼トランプ・共和党は２０１７年補欠選挙・州知事選挙で大苦戦

(A) 下院補欠選挙の状況が暗示する中間選挙の苦戦

- ２０１８年の中間選挙情勢を予測するためには、選挙までのあいだに実施される補欠選挙の状況を分析することが有効である。補欠選挙にはその時点の党勢が明確に現れるものだからである。
- 補欠選挙のうち、閣僚入りに伴う空席を埋める補欠選挙は本来共和党が圧倒的な優勢で勝利しなくてはならない選挙だった。しかし、実際には共和党・民主党の差は大幅に縮小している。
- 民主党側も中道派・左派が分裂した状況で一枚岩の状況になっていない。しかし、その勢いを考えると、接戦だったジョージア州第６選挙区よりも有利な下院選挙区では民主党が勝利できる可能性がある。

(B) 年末の州知事選挙での敗北と上院補欠選挙での惨敗

- バージニア州知事選挙ではトランプと距離がある共和党主流派系の候補者が立候補した。しかし、民主党の後継候補に勝利することができず、選挙戦略上の課題が残る結果となった。
- アラバマ州上院補欠選挙ではトランプとマッコーネルが推した主流派系候補がバノンが押し上げた反主流派候補者に予備選挙でまさかの敗北。しかし、鉄板の選挙区のはずの同州上院選挙本選でスキャンダルが発生し、共和党は民主党の後塵を拝すことになった。
- 共和党主流派・保守派のいずれであっても民主党に勝利することが出来ない状況が発生しており、2018年の中間選挙に向けて選挙戦略上の根本的な見直しが必要な状況が発生した。

2018

中間選挙を読み解く

1. 2018年中間選挙情勢の読み解き方

中間選挙のバトルグラウンド

(A) 米国の連邦議会（上院・下院）の状況

2018年は中間選挙の年である。米国では中間選挙は任期6年の上院議員の3分の1、任期2年の下院議員の選挙が大統領選挙とはズレた偶数年に実施される仕組みとなっている。その名称の通り、中間選挙は大統領の任期半分の折り返し地点の節目に実施されるため、有権者の現政権に対する中間通信簿のような役割を果たしている。

一般的には中間選挙は現職大統領が所属する政党には不利だと言われている。そこで、中間選挙の基本的な政治環境を理解するために近年の実際の大統領選挙の中間選挙、2002年、2006年、2010年、2014年の数字をざっと見ていきたい。

ブッシュ政権下で行われた2002年の中間選挙では共和党が上下両院で議席数を伸ばしたが、2006年には共和党は上下両院で議席（ただし、上院はわずかに民主党系が上回ったのみ）を減らしている。オバマ政権下で行われた2010年では共和党が上院・下院ともに大幅に議席（ただし、上院は民主党多数）を伸ばし、2014年選挙では共和党が上下両院で勝利して両院で多数を獲得するに至っている。つまり、2000年代に入ってからは、現職大統領の所属政党がやや不利ということに同意するものの、実態としては共和党優勢ということが言えるだろう。

この背景には中間選挙の投票率が影響しており、強力な草の根組織の動員力を誇る共和党が有利に選挙戦を進めていることがある。1990年代までは労働組合・人種団体を主力とする民主党の組織動員力により、共和党側は下院で過半数を40年間奪うことができない万年議会野党となっていた。しかし、1994年に保守派の草の根団体が大同団結し、民主党から議会多数を奪う「保守革命」を起こして以来、連邦議会選挙における動員力は両者が拮抗、または共和党優位の状況となっている。

このような組織力の違いは近年の州議会議員選挙における優勢でも顕著となっており、共和党側は地方選挙まで一貫した強力なネットワーク体制を構築している。実際、筆者が保守派の運動家にヒアリングすると、彼らは国政にも興味をもっていることは確かであるが、州議会選挙などで組織の基盤をつくることの戦略的な重要性を理解していることがわかる。

2018年中間選挙の上院選挙区は、2012年の大統領選挙と同時期に行われた選挙州の改選となっている。2012年の上院選挙は民主党が大勝利をおさめた選挙であり、すでに共和党はこれ以上負けようがないレベルで敗北を喫している。改選35州のうち共和党が保有する議席はわずか9議席であり、それもテキサス、ユタ、ワイオミング、ネブラスカなどの強固な地盤を誇る地域が多い。ネバダ、アリゾナなどの一部の州では数字が厳しいところもあるが、比較的安定していると言える。

それに対して、民主党側はフロリダ、ミズーリ、インディアナ、モンタナ、ノースダコタ、オハイオ、ウェストバージニアなどは議席を失う可能性があり、さらに民主党が優勢な場所ではあるものの、トランプがヒラリーに2016年に勝利をおさめた製造業州のペンシルバニア、ミシガン、ウィンスコンシンなどが改選州に含まれている。上院は選挙区が広範囲に及ぶため、ドブ板選挙の影響力が限定されており、幅広い有権者層から得票を得るためのイメージ戦略が重要となり、保守派のイデオロギー的に偏りがある運動力の影響に限界がある。

一方、下院選挙は各選挙区の個別の事情が複雑であり、なおかつ毎回の議席の振れ幅が非常に大きいため、予測が困難な傾向がある。ただし、共和党側は補欠選挙で非常に苦戦しており、下院選挙の接戦選挙区においては民主党が共和党を倒す選挙区が少なくないことが予測される。共和党は最悪の事態に陥ることを防止するために、強力な草の根団体による動員力をフルに発揮する必要があり、低投票率下における確実な票の積み上げを図ることが重要となる。

それに対し、民主党側は有色人種や若者層など低投票率の潜在的支持者層への働きかけを強化し、民主党候補者への投票を上積みする必要がある。そのため、やはり中道的な路線だけでなく左派系の運動力を活用することは必須の状態となっている。したがって、下院議員選挙の成否を分ける要素は両党の組織力次第となり、自陣営の運動員を動員するモチベーションをいかに創り出すかが重要なカギとなる。

(B) 中間選挙敗北は政権を危機へ

2018年中間選挙は通常の中間選挙よりも政局的な意味合いが強いことも特徴的である。それはトランプ政権特有の問題と言ってもよい。とくにロシアゲート問題に関して、モラー特別捜査官による捜査が継続しており、隠然とした政治的プレッシャーが政権運営に影響を及ぼしつづけている。一方、共和党は上下両院で多数を占める連邦議会も同事件に対する独自調査を実施し、ロシアの大統領選挙への関与は認めたものの、トランプ陣営との共謀を否定する報告書を提出している。（共和党保守派はロシアゲート問題はリベラル・メディアや反トランプ派によるフェイクニュースであると一貫したキャンペーンを張って、自らの政敵を叩く形での事実上の擁護を展開している。）

トランプもロシアゲート問題については存在自体を否定していたが、最近では自分自身との共謀を否定する発言に修正している。ロシアゲート問題はすでに単純な関与や共謀の有無を問うものではなく、政権の屋台骨を揺るがす政局上の問題となっている。仮に共和党が上下両院のいずれかで過半数を割った場合、この問題はヒラリーにおける私的メール利用問題のように今後も継続して取り上げつづけられるだろう。その場合、モラー特別捜査官による捜査の進展次第では、下院の委員会での弾劾プロセスがはじまる可能性すら存在している。弾劾自体は下院の過半数および上院の出席議員の3分の2からの賛成が必要であるため、議会による弾劾が成立する見込みは極めて低いが、それでもトランプ政権にとっては常に喉元に匕首を突き付けられた形となる。

現在の見通しでは上院優勢、下院では五分五分またはやや劣勢、というところであろうから、トランプにとっては善後策として上院で影響力をもつ共和党主流派との友好関係を強化することも2018年中の課題となっている。トランプ自身は依然として保守派の意向を尊重した政策を実施しつつも、2017年末のアラバマ上院議員補欠選挙に見られたように、むしろ実際の議会選挙に関してはトランプ支持者系の候補者とは距離を取りつつあり、政局上は共和党主流派に接近しつつある。

また、中間選挙はトランプ路線への共和党支持者からの信任投票とみなす向きもある。共和党保守派ではトランプとの過度な一体化の現象も見られるようになっており、トランプによる強烈な圧力によって保守派が変質していく可能性について明確な拒否反応を示す人びとも現れはじめている。

その結果として、トランプ・共和党保守派・共和党主流派内での離合集散が起きており、党内運営が非常に混乱した状況になっているとみなすべきだろう。このような状況下で仮に共和党が中間選挙で敗北した場合、トランプ政権への信任が大きく揺らぐことは確かである。その場合、トランプ自身も生き残りをかけて、中間選挙までに打ち出していた諸政策を一変させ、自らの政治的な立場や同盟相手を大きく変更するように舵を切る可能性もある。そして、それは保守派切りを伴うことになり、トランプの大統領としての地位を危うくする政治的な賭けになるだろう。中間選挙はトランプの再選に向けた戦略を左右するものであり、政権の継続すら危うくする危険なイベントなのである。

トランプ政権の2018年の政治行動についてさまざまな解釈はあるものの、本書ではこれまでと同様に「トランプが政治的に生き残るための何をしているのか」という視点から分析していく。具体的には2018年頭から原稿執筆時現在（8月上旬）までの政治環境およびトランプが実施したさまざまな政治行動を整理し、その意図と結果を分析する。それらを通じて中間選挙結果および中間選挙後の展望を予測する視座を確認する。現在進行形の事象が多く全てのことが予断を許さない状況ではあるが、読者の頭の整理に役立つように丁寧な分析を心がけていきたい。

2018年1月～2月の情勢

(A) 経済政策で支持率回復。でも厳しい見通し

トランプにとって2018年の年初は非常に良いスタートを切ったと言ってよいだ

ろう。2017年末に成立した減税政策によって、ウォルマートやディズニーなどの多くの企業が次々と給料アップを決めたことで、大統領への支持率が改善したからである。保守派は連日のごとく賃金アップを公表する企業のニュースを積極的に情報提供し、多くの企業が自社もその流れに追随せざるをえないようになるよう空気づくりに全力を注いだ。民主党側は金持ち優遇の減税政策であるとして共和党が進めた大型減税を批判していたが、それらが多くの米国人の手取りを改善したことが実際に明らかになったことで苦しい立場に追い込まれている。

大統領に対する経済政策に限定した支持率調査では「支持」が「不支持」を大幅に上回ることになり、経済政策に強いトランプという印象を有権者に与えることができた。長期の景気回復に支えられた好調な株価もトランプの経済政策への信任を高める背景として有効に機能しつづけている。

また、エネルギーに関する規制緩和はウェストバージニアなどのエネルギー産業を抱える州での雇用・賃金を大幅に改善することになった。報道によると、炭鉱労働者の給与は5万~7万ドルオーバーとなる事例もザラとなり、現場監督となると10万~15万ドル程度の賃金を得るほどにまで景気が回復しているとのことだ。オバマ政権時代の規制廃止がクリティカルに影響を及ぼしており、同産業におけるトランプへの熱烈な支持の高まりは中間選挙上院選挙区での結果に影響を与えることは間違いない。

失業率に関しても歴史的な低水準となっており、むしろ労働力不足が深刻な問題になりつつある。高度技能者だけでなく、低技能者層での雇用も改善しつつあり、不法移民の排除が逆に必要な雇用を難しくするのではないかという懸念すらある状態だ。とくに純選挙的な観点から見た場合、黒人・ヒスパニックなどの有色人種の失業率の改善は目を見張るものがあり、数字としては非常に低いものの、それら有色人種の男性層からの支持率の改善傾向が見られる。

２０１６年大統領選挙では民主党支持基盤である有色人種の投票棄権も大きな影響を与えたが、足元の経済環境の改善で民主党支持層の投票棄権に再び作用する可能性もある。中間選挙に向けた世論調査を定期的に公開しているMorning Consultによると、民主党支持者が考える政策上の優先順位は「経済」「ヘルスケア」「高齢問題」であり、トランプは民主党支持層を切り崩すにあたって最も重要な「経済」の分野で手柄を立てたと言える[※12]。

（B）2018年保守派総会（CPAC）は内部分裂の様相

ただし、公約を達成して経済が順調であることによって、逆説的に共和党側にも中間選挙に向けた選挙戦略上の問題が発生している。中間選挙は投票率が低い傾向があるため、敵陣営の支持者の投票意欲を下げるとともに、自陣営の支持者が投票場に足を向けるモチベーションを上げることが極めて重要となる。筆者は実はこの点においてトランプは致命的なミスを2017年中に犯したと考えている。一見して、2017年のトランプ政権は保守派にとって政策要望がほぼ全て実現した理想の大統領となったが、その政権基盤を固めた行為が逆説的に中間選挙への投票意欲を削ぐ結果につながっている。簡単に言うと、すでに2017年に多くの成果が達成されてしまっているため、2018年の中間選挙で勝利することで保守派が得られる政治的な果実がネタ切れを起こしてしまっている。

実際、2018年2月に行われた保守派総会（CPAC）において、トランプが強調していたことは「米国は偉大になった」ということであったが、同時に会場に参加していた保守派に「現状に満足しないで中間選挙へのモチベーションを高めるように」

※12「Midterm Wave Watcher」https://morningconsult.com/2018-midterm-elections-wave-watcher/

メッセージを発していた。会場で周囲を観察していた筆者には、保守派にとって中間選挙の新たな獲得目標がイマイチ明確でなく、トランプ政権が支持者のモチベーションアップに苦慮している雰囲気が伝わってきた。

さらに２０１８年ＣＰＡＣの会場内の雰囲気には大きな変化が存在していた。それは昨年まで参加していたティーパーティー（茶会）の姿はなく、リバタリアン系の団体もいなくなっていたことだ。ティーパーティーが姿を消した理由の一つとして、２０１７年秋に行われた債務上限引き上げに関するトランプと民主党指導部の合意、そして２０１８年2月に行われた共和党上院指導部・民主党指導部の妥協的な予算案合意がある。

これらは事実上債務削減を放棄して連邦債務増加を容認する政治的妥協の産物であった。ティーパーティーは減税政策を主張すると同時に、歳出カットによる債務削減を要求する傾向がある。そのため、一方の減税政策に関する支持は明確であったものの、他方の歳出削減に関する消極姿勢についてトランプ政権と共和党連邦議員への失望も大きかった。その結果として、ティーパーティーの運動家らの国政レベルでの熱量は減退し、地方レベルの自分たちの手が届く範囲での政治に関心が移りつつある状況である。

従来まで共和党保守派の一部として運動を支えてきたリバタリアン系の団体も今年は姿を消していた。リバタリアンは経済・社会に対する規制に反対する集団であり、米国においては一定の運動力を誇るネットワークを形成している。また、コーク財団などのリバタリアン系の有力なドナーが資金面での協力を行っているケースもあり、連邦議員のなかにも同思想に近い議員たちが存在している。しかし、保守派のなかでリバタリアンとは距離があるトランプ色が強まるなかでそれらの人びとは保守派の集会から足が遠のいている。

リバタリアンの代わりに来賓として目立った存在は、フランスから来た国民戦線のルペンの親族や英国独立党の党首であったファラージなどである。筆者にはCPACの様子からトランプと保守派の同盟関係が深化するなかで、トランプによる「保守派のハック」が行われており、保守派はトランプを利用するつもりがミイラ取りがミイラになってしまった、ように見受けられた。CPAC参加者にもこのような米国の保守主義とは本質的に異なる傾向をもつ欧州のポピュリズム的ナショナリストを招くことにあからさまに嫌悪を示す者もおり、シンポジウムの登壇者の女性が「なぜここにルペンがいるのか」という問題提起を行って会場が騒然とする事態になった。

（C）共和党支持者をまとめ上げるための「外交政策」

以上のように、トランプ政権は減税政策の成功によって高い評価を受けながらも、肝心の中間選挙において主力となる保守派の動員体制に問題を抱えており、なおかつ共和党内には依然としてトランプ色を嫌う人びとを抱えたままの状況となっている。

Morning Consult の調査によると、共和党支持者の政策上の優先順位は「安全保障」「経済」「高齢問題」であって、民主党員とは全く異なる政治的志向をもっていることがわかる。しかし、トランプの外交政策に関する支持は一般的に非常に低い状況となっており、２０１８年初頭では共和党員ですら十分な支持を与えているとは言えない状況であった。そこで、低評価となっている外交・安全保障政策で共和党員の期待に応える成果を獲得し、その結果を受けてトランプ政権全体への評価、そして中間選挙への勝利への道を拓く方向へ向かうことは自明であった。

実際、２０１７年は内政に焦点が当てられていたトランプ政権の政治行動の重点が２０１８年には通商政策・安全保障政策に切り替えられていくことになった。ただし、トランプが実行できる外交政策・安全保障政策の選択肢は国内の政局的な縛りによって限定されており、共和党保守派の政治的ロジックとも整合性があるものでなくてはならない。したがって、選挙における勝利が至上命題となっているトランプが求める中間選挙上の意図、共和党保守派が求めるイデオロギー・安全保障政策上の意図、の両者が折衷されたハイブリットな外交政策が実行される状態となっている。

日本での議論では、2018年に実行されているトランプ政権の通商政策などに関して、「選挙目的」や「覇権争い」と断定する質が低い議論が行われている。しかし、それらは全て当たっているが、全て外れているとも言える。なぜなら、別々の意図をもったプレーヤーが同じ共和党政権の舟に乗っており、誰が何を考えているのか、というレベルまで詳細に検討しない限りは相矛盾したメッセージが米国から同時に発信されているように見えるからだ。本章ではこれらのメッセージの読み解きを行いながら、トランプ政権の中間選挙までの分析を行っていく。

2. 過熱するトランプ政権の貿易戦争

「共和党は保護主義に転換した」というデタラメの蔓延

（A） 共和党支持者を「偏見」と「経済的動機」で説明する誤謬

２０１８年のトランプ政権の通商政策の代名詞と言えば「関税」だろう。１月の中国の洗濯機・ソーラーパネルへのセーフガード発動、３月の鉄鋼・アルミへの関税、そして中国との貿易戦争と欧州・日本・ＮＡＦＴＡ諸国への自動車関税など、トランプ政権は頻繁に通商政策に関税を利用している。これを指して「共和党（注・トランプではない）が保護主義に転換した」との主張が日本国内で蔓延っている。共和党支持者が保護主義に転換した証拠として、ピュー・リサーチ・センターが行っている世論調査の変化も引用されることが多い。その調査とは同センターが「自由貿易協定」が良いことか・悪いことかを定期的に測定するものである。

実際、ピュー・リサーチ・センターによる世論調査では「自由貿易協定」についての回答が、２００９年には共和党支持者は「良いこと」57%、「悪いこと」31%だが、２０１１年には賛否が逆転し、２０１６年には最高で「悪いこと」63%、「良いこと」29%にまで達したとされている。（現在は反対46%、賛成43%。）

これらの世論調査の数字を引用して、共和党支持者は「自由貿易に否定的になった」または「保護主義を求めるようになった」そして民主党支持者は「自由貿易に肯定的」と主張する有識者は後を絶たない。さらに、米国のリベラル系のメディアによる「共和党支持者の仕事を失った哀れな白人労働者が増加した」という文脈でトランプへの支持者を取り上げる偏向報道も依然として続いており、それらの報道を見ると思わず「共和党支持者は自由貿易に反対して保護主義者になった」という意見に納得してしまいそうになる。

しかし、結論から言うと、「共和党支持者は保護主義的になった」という主張はデタラメである。共和党保守派がもっている基本的なイデオロギーに対する無知がそのようなデタラメの背景に存在している。日本人は共和党支持者は「経済的動機によって投票行動を決定する」というマルクス主義的な価値観で同党を考察するという間違いをおかしがちだ。また、日本人に限らず大学で高等教育を受けた層は特定の人びとの政治的動機を理解する際に経済的動機を過度に重視する傾向が存在している。そもそもマルクス主義とは対極的なイデオロギーで運営されている自由主義的憲法の護憲派である共和党の政策的傾向を経済的動機のみで分析することはナンセンスである。

また、たとえ経済的視点に基づく視点であっても、都市部の一部の高所得・高学歴の民主党支持者を除いた場合、共和党支持者は大半の民主党支持者よりも所得が高いことは自明である。不法移民や海外労働者と競合している層は白人労働者ではなく圧倒的に既存の有色人種の労働者であり、経済的動機に基づく説明では共和党支持者が民主党支持者よりも保護主義的な傾向を示す理由とはならない。仮に共和党支持者が自由貿易によって職を失ったという経済的動機のみで政治行動を選択するとした場合、高齢者が多い共和党支持者がオバマケアなどの社会保障政策の廃止を支持する道理を同時に説明できなくなってしまう。

また、比較的富裕な層への効果が大きい減税政策を支持する共和党支持者の全てが高所得者層であるわけもない。米国において共和党という小さな政府を志向する政党が存在して機能している理由は経済的動機だけで十分に説明することはできない。

(B)なぜ共和党支持者は「自由貿易協定」を否定するのか

共和党支持者にとって「関税」は「税金の一種」であって、本来は忌むべき政策であることは間違いない。とくに「小さな政府」を志向する建国の理念や合衆国憲法を重視する共和党保守派にとって関税は禁忌ともいえる政策だろう。では、なぜ近年の世論調査で共和党支持者は「自由貿易協定」を否定して「関税」を支持しているのであろうか。

前述のピュー・リサーチ・センターの世論調査の推移を見ればすぐにわかることであるが、共和党支持者が「自由貿易協定」を悪いことだと回答している比率は、オバマ政権時代に急速に増加することになった。しかし、トランプ政権発足後には賛否がトントンの状況まで戻っている。この世論調査結果からわかることは、「オバマ政権が推進する自由貿易協定」に共和党支持者は否定的であったということだろう。そして、トランプは一貫してTPP(オバマ)やNAFTA(クリントン)などの多国間協定を攻撃し、そして国連やWTOなどの国際機関を攻撃しつづけている。とくにTPPに関しては実際に発効前であったこともあり、大統領選挙期間中から撤退を表明しており、大統領就任直後に正式に撤退するに至った。しかし、同時に2018年の

G7の場においては「世界の関税をゼロにすること」を主張しており、トランプが対外的に表明している「米国第一主義」の内容が正式に自国産業の保護主義に傾いたことはなく、むしろ貿易相手国の関税や非関税障壁を攻撃しており、一貫して米国製品のセールスマンの役割に徹する姿勢を示している。この自由貿易協定や国際機関による取り決めを批判しながら、一方で実質的に自由貿易を肯定しながら貿易相手国の関税や非関税障壁を力業で廃止しようとする、という一見してアンビバレンツな主張の論理構成を紐解くことがトランプ政権の通商政策を理解するための大前提になる。

トランプ政権の通商政策の根幹を理解するためには、米国の保守主義の基本コンセプトを理解する必要がある。

米国の保守主義者にとって多国間協定や国際機関は自分たちが獲得した国家主権を侵害する存在として認識されている。このような認識は英国から独立した際の植民地本国に対する抵抗や連邦政府の中央集権制に対する警戒に根差す根深い拒否感の延長線上に置かれている。つまり、個人→コミュニティ→州→連邦→多国間協定・国際機関のように、自らに身近なところから自己決定権が失われていくことに対する抵抗こそが米国の保守主義の本質的なスタンスと言えるだろう。

日本で民主党の菅政権がTPPへの参加を表明してその是非が議論されていた当

時、日本国内でも関税自主権の喪失やＩＳＤ条項[※13]による国際司法を利用した濫訴への警戒感から反対意見が盛り上がっていたことがある。これらの主張の大半は米国陰謀論に基づく、議論に値するものではなかったが、米国でも実は同様の議論が巻き起こっていた。あまり知られていないかもしれないが、オバマに対して激しく対立していたティーパーティーのなかには反ＴＰＰの立場を取っている人びとも存在していた。ティーパーティーは基本的に自由貿易支持の立場として知られているが、ＴＰＰのような多国間協定に自国の主権を明け渡すことへの拒否感が強く（とくにＴＰＰは純粋な自由貿易ではなく大企業中心の縁故資本主義の固まりとみなされていた）、ましてオバマという敵対的な大統領に貿易促進権限（ＴＰＡ）を与えることで包括的な交渉権を委譲することは認めないと主張するケースもあった[※14]。日本でも陰謀論者によって問題視されていたＩＳＤ条項はティーパーティー内のＴＰＰ反対勢力によって国家主権を侵害する可能性があるため強く批判されていた。

米国の保守派が否定したものはあくまでも自分たちの手から離れて決められた自由貿易協定であり、オバマへの無原則な権限委譲である。自由貿易そのものではなく、

※13 外国企業が投資先の国の対応によって損害を受けた場合、国際的な仲裁機関などを通じてその国を訴えることができることを決めた条項のこと

※14「Trade and the Tea Party: Washington insiders remain clueless」THE HILL,2014,Feb,24

国家主権の観点からＴＰＰへの反対意見が噴出していただけのことであり、それは必ずしも経済動機に基づくものとは言えないものだった。共和党保守派によるＴＰＰへの反対意見が労働組合に推された米国の民主党左派と同一視される傾向があるが、政治的な理念に基づく共和党保守派と保護主義的な経済的動機に基づく民主党左派では立脚点が異なることを知ることは現在のトランプ政権の通商政策を理解するための重要なポイントとなってくる。

貿易戦争を正当化するための論理と実際

（A）共和党支持者の一定割合が関税を支持する理由

では、なぜ「関税」が共和党支持者の一定割合の人びとに受け入れられているのかを説明していこう。共和党支持者にとっては、自由貿易を実現することは現在でも肯定されるべきことであることに変わりはない。米国民主党の場合、クリントンやオバマは「自由貿易協定」を用いて国際的に自国のもつ価値観を条約化して普遍性をもたせていく手法を選択する傾向がある。このような手法は米韓FTAを推進した共和党主流派色の強いブッシュ政権時代にも見られたものであり、1990年代~2000年代初頭のオーソドックスな考え方だったと言える。

しかし、共和党内の保守派色が強まり、トランプ政権が誕生したことで「自由貿易の拡げ方」についても考え方の根本的な変化が起きたと考えるべきだろう。前述のティーパーティーのTPPに対する反応を見てもわかるように、2010年以降から徐々に自由貿易自体に反対はしないものの、大統領が自らの権限を拡大して多国間協定を結ぶ手法への懐疑が共和党支持者に拡がりつつある。

その結果として、多国間協定や国際機関ではなく、あくまでも国家主権を担保・行使するやり方によって自由貿易を実現するべきだ、というイデオロギー上の転換が発生したのである。そこでは、自由貿易を実現するための方法は各国の官僚が集まって膨大な契約書類を作成する多国間協定によって実現されるものではない。むしろ、このような官僚機構が構築する複雑な貿易ルール自体が問題であり、これらは米国民に与えられた主権を侵害するもので排除されるべきものとみなされた。代わりに、彼らが自由貿易を実現するための手段として採用したものが国家主権の行使である「関税」である。つまり、貿易相手国が自由貿易を行うための「公正なルール」を侵害する「関税」（国家主権の行使）を課しているのであれば、それを解体するために一時的に米国側も国家主権の力を行使して打ち破ろうという発想なのだ。要は、平和を実現するためには、邪悪な敵国の軍隊を自国の軍隊を用いて攻撃するべきだ、という理屈とほぼ一緒だと考えてみてほしい。戦争では一時的に平和を失う行為が実施されるが、それはその後の恒久的な平和をもたらすための行為なので正義の観点から容認される、ということだ。そのような論理展開によってトランプがG7で発言している「関税をゼロにするために関税をかける」という話につながってくるわけである。したがって、米国共和党側の視点に立てば、あくまでも貿易戦争を先に仕掛けたのは不公正な貿易ルールを採用している中国らの外国政府であり、米国側はそれを是正しようとするための主権を行使しているにすぎないという理屈になる。

このことは中国との貿易戦争が開始された2018年7月12日に議会公聴会で行われたヒアリング内容が「中国の捕食者的貿易および投資」についてであり、自国の弱小産業保護をテーマとするものではなかったことからも明らかだと思われる。大恐慌時代に自国産業保護のために実施されたスムート・ホーリー法のような政策と同一視する向きもあるが、それは保守派のイデオロギー上の理解を踏まえない論外な議論だろう。

(B)「貿易戦争」の動機が異なる共和党とトランプの「呉越同舟」

上記の通り、共和党、とくに保守派は自由貿易を実現するために「関税」を容認している。ただし、この自由貿易を実現するべきだ、という発想自体が「不当な課税に反対してできた国」である米国の「愛国精神」に根差すものであることを忘れてはならない。そのため、保守派にとっては「自由貿易を推進すること(相手国の不当な関税を最終的に取り除くこと)」と「国家安全保障上の脅威を取り除くこと」は同じイデオロギーのなかに同居することになる。したがって、共和党支持者や共和党連邦議員が「関税」の賦課に正統性を見出すために「国家安全保障上の必要性」という大義名分を組み合わせることになる。トランプが国家安全保障を強調しながら米国通商法232条を利用して「鉄鋼・アルミへの追加関税」などを正当化したり、中国の「関税措置、知的財産の強制移転、米国のハイテク企業の買収」などへの対抗的な強硬姿勢を打ち出す理由は、共和党支持者からの支持を得るための理屈を整えることを必要としているからである。

また、共和党、とくに保守派自体は「中国」を純粋に軍事的・イデオロギー的な脅威とみなす向きが以前から強く、中国による米国への産業スパイ、ハッキング、大学からの技術収奪、ハイテク企業買収などについては、「軍の近代化」によって高度な戦争技術が従来以上に求められる環境下では重大な脅威として認識が強まっている。そのため、中国の大手国営企業による米国ハイテク企業の買収話に頻繁に待ったがかけられるようになっており、高度な先端技術を扱う大学への中国人研究者の受け入れを制限する動きを見せはじめている。また、もともと保守派と緊密な関係にあった台湾への政治的・軍事的支援がトランプ政権下で急速に強化されつつあり、中国共産党への安全保障・イデオロギー上の圧力強化が行われてきている。これらの保守派の中国への警戒感は中国との貿易関係の深化とは関係なく、国家安全保障の純粋な観点から求められている。

一方、筆者の見立てでは、トランプの個人的動機は選挙に基づくものであり、これらの共和党側の動機とは実は異なるものだと考える。最も激しい様相を見せている米中貿易戦争は、主に対中感情を煽り立てることにより、安全保障に関する意識が高い共和党支持者の中間選挙への関心を高めることで、現在分裂気味の共和党内の士気を向上させることが狙いだろう。中国を安全保障上の脅威として演出し、中国側が激しく反応してきた場合は支持者の士気が高まり、屈服してきた場合は政治的な手柄となるという意味では短期的には負けのないゲームと言える。

また、鉄鋼・アルミの関税はトランプが大統領選挙で勝利したラストベルトの製造業州で中間選挙で再び勝利するために必要なものであり、相手国への課税（とくに中国への包括的な課税）は輸出拡大策（エネルギー輸出や大口取引など）や共和党支持者の愛国心刺激策などとして政治的なポイントを引き出すためのツールでしかないはずだ。トランプ自身は共和党議員が使わない民主党左派的な言葉遣いを用いることで労働者保護を度々訴えており、政治的な理念に基づく言動というよりは選挙対策上の発言が多いようにも思える。

トランプは中国の通信大手であるＺＴＥがイランなどの制裁対象国と取引していた嫌疑で制裁を科したが、習近平が何度もトランプ自身と電話会談を行って貿易面での譲歩を行ったことで急速に態度を軟化させたことがある。この際、上院共和党議員らは安全保障上の問題を安易に妥協するべきではないとして強く反発した経緯がある。

さらに中国だけでなく同盟国とも貿易戦争が本格化してきた２０１８年７月、輸入鉄鋼・アルミニウムに課したものと同様の国家安全保障に基づく関税を制限するために、連邦議会において、拘束力がない形であったものの、議会の役割を支持する象徴的な動議が提出された。この際、上院は共和党議員も多数賛成する形――賛成88対反対11の圧倒的多数――で可決している。これによってトランプが共和党支持者を納得させるための「安全保障目的」という大義を濫用し、本来は自由貿易の観点から不必要な関税を課しているのではないか、という疑問が議会共和党側から明確に指摘されたことになる。これはトランプと共和党のあいだで関税の目的を巡る根本的な不信を象徴した出来事だった。

共和党は「自由貿易を実現するため」「安全保障上の脅威を排除するため」の「関税」や「制裁」の必要性を認めており、トランプは「選挙に勝つための貿易交渉上の手柄」を求めている。現在のトランプ政権による対外的に非常に強硬な通商交渉の姿勢は、この両者が相乗的な形で展開されていることに起因する。

実際、共和党側もトランプが展開している「関税」については、不満は鬱積しているものの、相手国の不当な制度を変えるためには一時的な導入も致し方ないとみなす傾向が強い。前述の通り、徐々に共和党内から安全保障上の意味がない同盟国向けの関税への反対の声が上がりつつあるものの、とくに対中国の観点からはトランプ・共和党は「呉越同舟」状態でお互いが用いたい「関税」「制裁」というツールを利用し合う関係が生まれている。そのため、トランプ政権・共和党議員のなかで貿易戦争にブレーキをかける声が拡がりにくく、状況のエスカレーションが継続している。（トランプが鉄鋼・アルミの追加関税を宣言したことで2018年3月に辞任したゲーリー・コーン国家経済会議議長は元民主党員であり、このような共和党特有の思考様式についていくことができなかったのではないかと思われる。）

トランプ・共和党の同床異夢の蜜月関係に一体いつ終わりが訪れることになるのだろうか。前提となる構図を正確に理解しない限り、「トランプの貿易戦争」の意味や今後の展開を予測することは困難であることは言うまでもない。

2018年トランプの対中貿易戦争の展開分析

前節までの考察でトランプの貿易戦争を巡る米国内の基本的な構図は理解できたであろう。そのうえで、本節では実際に2018年に発生している貿易戦争の状況、そして今後の展開について分析を加えていく。

(A)「何をやるか」はわかっていた貿易戦争

筆者は貿易戦争は2017年の政権発足当初から公に準備されていたと断言し、同年から通商政策が激化する旨をヘッジファンドの顧客に解説してきた。なぜなら、トランプが大統領令で堂々と安全保障目的で防衛産業やサプライチェーンを保護すること、そして中国との不公正な貿易や知的財産権の取り扱いを是正することなどを明確に打ち出していたからである。

まず大統領令としては、2017年3月31日に「貿易赤字の原因調査のための大統領令」「ダンピング関税や相殺関税の徴収と執行を強化するための大統領令」に署名している。この大統領令の発令は習近平との初会談の直前に発表されたものであり、中国に対する嫌がらせとして行われた意図は明らかである。(ちなみに、この会談中にトランプはシリアを空爆するサプライズを習近平に同時に提供しており、中国に対する経済的・軍事的圧力は政権発足当初からかなり強いものであった。)

さらに、大統領覚書で同年4月20日には「外国の鉄鋼が安全保障を傷つけているか」に関する調査開始を指示し[※15]、4月27日には同様にアルミニウムに関する調査を開始している[※16]。また、4月29日には「米国が締結する貿易・投資協定の見直しを指示する大統領令」を発令し、二国間貿易協定やWTOの規則などについて見直す調査を180日以内に提出するように求めている[※17]。そして、7月21日には「米国の製造業および防衛産業基盤およびサプライチェーンの弾力性の評価および強化に関する大統領令」を発令し、270日以内に報告書を提出するように求めている[※18]。そのうえ、８月14日には「中国による米ハイテク技術の不公正な取得に対する制裁の検討を指示する大統領覚書」も公布している※19。

それらを遂行する担当者にピーター・ナヴァロ通商産業政策局長（鉄鋼大手ニューコアから支援を受けて映画を作成した経験がある。嫌中であり、日本の非関税障壁等にも言及してきた）、ウィルバー・ロス商務長官（直近まで鉄鋼大手アルセロール・ミタル取締役を務める）、ギルバート・カプラン国際貿易担当次官（レーガン政権時代に対日交渉に従事、鉄鋼業界ロビイスト）、ロバート・ライトハイザーＵＳＴＲ代表（レーガン時代のＵＳＴＲ次席代表で対日交渉に従事）など重鎮がズラッと顔を並べている。

知的財産権関連では、２００８年ジョージ・Ｗ・ブッシュ時代に制定されたPRO-IP法という知財保護・輸出を目的とした法律に基づいて創設された「知財皇帝」と揶揄されるＩＰＥＣ（Intellectual Property Enforcement Coordinator）にバイシャル・

※15「Presidential Memorandum Prioritizes Commerce Steel Investigation」Department of Commerce 2017,Apr,20
※16「Presidential Memorandum for the Secretary of Commerce」White House,2017,Apr,27
※17「Presidential Executive Order Addressing Trade Agreement Violations and Abuses」White House,2017,Apr,29
※18「Presidential Executive Order on Assessing and Strengthening the Manufacturing and Defense Industrial Base and Supply Chain Resiliency of the United States」2017,July,21
※19「Presidential Memorandum for the United States Trade Representative」White House 2017,Aug,14

アミンという人物が就任している。同氏は同政権時代にホワイトハウスで国内政策の副責任者として従事した人物であり、直近では下院司法委員会でグッドラテ司法委員長を通じてThe Innovation Actという特許改革に関する法案の策定に関与した知財のスペシャリストだ。トランプ政権は政権発足の早い段階で同氏をノミネートしており、同人事は録音産業協会、国際知的財産法協会、国際反偽装連合などの業界団体に歓迎された。（米国の貿易黒字は知財関連で拡大し続けており、知財侵害大国である中国への対抗措置は最優先事項である。）

２０１７年にすでに２０１８年に行われる貿易戦争のネタも人事も全て明らかになっていたのである。したがって、２０１８年になって突然貿易戦争が始まったかのように述べていた有識者やメディアは大統領の動向を真面目に調査していなかったというだけのことだ。

（B）対中貿易戦争はこうして開始した

２０１７年中に仕込んだ貿易戦争のネタ（大統領令や各種調査の結果）は２０１８年になってから実際に相手国に対して炸裂していくようになる。２０１７年中は国内問題の難題（オバマケア見直し・減税政策）に取り組んできたトランプ政権は一定の成果を上げたことで、中間選挙に向けた対外政策の取り組みに集中できるようになっていた。本章の冒頭で示した通り、トランプ政権は経済政策で支持を回復していたものの、外交政策への支持は依然として低迷しており、今回の中間選挙に影響を与える形で手柄をあげていくことは必須事項である。

したがって、経済政策に関して減税政策によって不必要なほどにエンジンを回した状況を作ったうえで、上院改選州であるラストベルトを中心とした製造業州への保護主義・重商主義的な利権誘導・輸出拡大と愛国心を刺激する世論喚起（トランプの動機）とそれを実行するための安全保障上の脅威と市場開放を阻害する他国制度の排除（共和党保守派の動機）を組み合わせた歪な通商政策が展開されることになった。

1月19日米国通商代表部（USTR）がロシアと中国をWTOに加盟させたことが間違いであったことを認める書簡を公開し、1月22日にUSTRの声明を受けて最初に実行された措置は、中国からのソーラーパネルと洗濯機に対するセーフガードの発動であった。米中貿易戦争を開始するにはあまりに地味な号砲であったが、その内容は実に示唆的であった。トランプ政権の主要閣僚にはエネルギー産業関連者が並んでおり、オバマ政権が推進していたエネルギー規制を廃止したこと、そして規制廃止が中間選挙改選州の景気・雇用にプラスのインパクトを与えていることは前章でも触れた通りである。米国はすでに世界最大のオイル・ガスの埋蔵量を有するエネルギー大国となっており、エネルギー資源を経済成長のエンジンとするともに、外交・安全保障上のカードとして活用していく方向になりつつある。

それに対して、中国はその環境汚染のイメージとギャップはあるものの、実はグリーン産業の育成に関して潤沢な補助金を支出する国家となっている。ソーラーパネルの膨大な生産量、電気自動車や蓄電池などのハイテク技術、北京に開設された世界最大級の排出権取引所など、中国は米国の戦略上の障害となる動きを活発に行っている。そのため、ソーラーパネルへのセーフガードの発動という事態は、一つの製品に対する関税の賦課ではあったものの、そのことがもつ政治的な意味合いとして示唆深い措置だった。

2月16日に商務省が米国通商法232条に基づく調査結果を公表。安全保障上の観点から鉄鋼・アルミ産業の稼働率を引き上げるために関税を引き上げる旨を提言した。それを受けて、3月1日にトランプ米大統領は米国に輸出される鉄鋼に25%、アルミニウムに10%の関税を課す方針を表明した。3月8日「鉄鋼・アルミに対する追加関税に関する大統領令」を発令し、正式に鉄鋼・アルミに関税を導入する意思決定を実施した。(実際の適用はその後に関係国との交渉結果を受けて実施されることになった。)

これは鉄鋼の過剰な生産供給を継続する中国を念頭に導入されたものであるが、米国の同盟国からの鉄鋼輸出に対しても課される大規模なものになった。鉄鋼・アルミ向けの関税は沈滞していた同国内産業が息を吹き返すことを狙っており、その狙いは奏功して操業停止していた工場が復活した結果として雇用が呼び戻される状況を生み出す結果につながっている。

トランプが3月頭に鉄鋼・アルミ関税の導入を実施した理由の一つは、3月13日に行われる予定であったペンシルバニア州第18区の下院補欠選挙の世論調査が思わしくなかったことも影響していた。

同下院補欠選挙は、共和党の現職下院議員が敬虔なキリスト教徒である自身の妊娠中絶反対の主張とは裏腹に愛人に子どもをつくらせていたうえに中絶を迫っていたスキャンダルに伴う辞職(2017年10月)が原因であった。昨年のアラバマ州の上院補欠選挙も敬虔なキリスト教徒であるはずの公認候補者の小児性愛のスキャンダルが原因で敗北したうえに、トランプ自身の女性問題が噴出しており、社会的に映画監督のスキャンダルに端を発する「#MeToo」運動が盛り上がっていたことから、選挙の地合いとしては最悪の状況のなかでの補欠選挙であった。同選挙区でトランプは二回も支援者集会に参加する熱の入れようであったが、トランプが20ポイント差でヒラリーに勝利した共和党に有利な保守的な地盤にもかかわらず、投票日直前になっても有権者からの共和党候補者への支持は伸びなかった。

そこで、一連の貿易戦争の準備が整ったことを受けて、鉄鋼・アルミの追加関税を発表し、同選挙区に存在するとされる鉄鋼関係者1万5000人以上の有権者を狙った露骨な選挙向けのアピールを行ったのである。しかし、同選挙区の有権者は補欠選挙における軍配を民主党側に上げることになる。

この共和党の大失態の陰には民主党・共和党候補者の得票差755票を上回るリバタリアン党の候補者の1381票の得票があった。リバタリアン党の候補者の選挙ターゲットは2018年の保守派総会（CPAC）から姿を消した若いリバタリアンであり、彼のSNSのキャンペーンは確実にそれらの若者をとらえた。同候補者が取得した得票にはトランプが発表した関税に反対する声が含まれていたことは間違いなく、筆者はこの傾向が中間選挙における接戦州の選挙結果にも影響を与える可能性があると予測している。

(C) 激化する米中貿易戦争と中間選挙への影響

鉄鋼・アルミ関税だけではペンシルバニア下院補欠選挙で思ったほどに成果を上げられなかったこともあり、トランプ政権はさらに主に中国を対象に大規模な貿易戦争に踏み切る決断を行っていくことになった。

3月22日に「中国の知的財産権侵害に対する制裁措置の大統領令」に署名し、3月23日には前述の中国向けの鉄鋼・アルミ輸入に対する追加関税を正式に適用した。これを受けて中国は4月2日に鉄鋼・アルミの追加関税に対する対抗措置を発令したものの、その翌日には米国側が中国の知的財産権侵害に対する制裁原案を公表し、さらに中国側が対中制裁案に対する報復措置を実施する旨を表明した。米中のあいだで発生する大規模かつ電光石火の殴り合いを世界が固唾を飲んで見守っていた。

その後、5月3日に米中は貿易に関する協議を開始し、5月17日に追加関税に対する合意を一旦見送ったものの、6月12日の米朝首脳会談が成功裏に終わった後の6月15日に米国側が再び知的財産侵害に対する制裁を持ち出し、中国側との制裁額の上積みを含めた応酬劇を繰り返し、7月6日に互いに制裁関税を実際に発令する事態に至っている。

また、巨額の関税措置の応酬が議論されている裏で、米中の通信規格や半導体などのハイテク企業に対する制裁措置でのバトルも発生している。まず、2018年3月12日にトランプ大統領が大統領令を発令して、シンガポールに本社があるアバゴが買収したブロードコム（アバゴの社名はブロードコムに変更）が国防総省と取引関係があるクアルコムを買収するプランを阻止した。この背景にはクアルコムは中国のファーウェイと5Gの通信規格争いを行っており、その主導権をファーウェイに握られることを防止する目的があったとされている。

さらに、4月16日には米国商務省が米国企業に対して中国国営大手ZTEへの製品供給を禁止する措置を打ち出し、ZTEにとって必要不可欠な半導体チップなどの供給が滞る事態となった。その結果として、ZTEは株式取引停止に追い込まれるとともに巨額の損失を計上することになった。制裁理由はイランや北朝鮮などの制裁対象に備品を供給していたことであった。

これに対抗し、4月19日に中国側もクアルコムが買収を予定していた半導体メーカーであるNXPへの独禁法違反の疑いをかけて再申請を行うことを同社に求めた。6月に入ると、米韓の半導体大手3社に対して独禁法違反の疑いをかけて調査に着手し、さらに中国の裁判所が米半導体大手マイクロンが特許侵害で提訴されている事案を利用してメモリの販売・生産中止命令を行うに至っている。今のところ、中国側の制裁は影響は小さいものの、両国が両者の基幹企業に対する制裁でも凌ぎを削っている状況であることは間違いない。

米中の貿易戦争は、米国側の選挙情勢および安全保障の課題と密接に結びついている。関税政策の裏には安全保障・市場開放目的で戦う姿勢が共和党支持者の士気高揚につながるという判断があるように推測される。トランプ政権が導入した関税対象は他国からの輸入代替が可能なものが多く、実際にインフレが発生するまでに時間がかかるうえ、減税政策・レパトリ税制[※20]・貿易戦争自体の影響によるドル高などを背景に短期的には消費者物価への影響は限定的なものに留まる可能性が高い。

実際に2018年7月段階でのトランプ政権の関税政策への共和党支持者からの支持は比較的堅調な状況となっている。（トランプ政権発足時に話題となった国境税調整（事実上の関税）が議論されていた当時、保守派の重鎮であるグローバー・ノーキスト氏が筆者との会話で「国境税調整の関税としての意味合いには反対であるが、減税政策と国境税調整によってドル高になるために輸入価格は下がるだろう」と述べていたことを思い出した。）

※20 海外に滞留する米国企業の資金を環流させるための減税政策（主にＩＴ企業などが対象）

米国側に比べて、中国側が関税・制裁で受けるダメージは致命的であり、米国向けの輸出に経済の相当部分を依存する中国側がいつまで我慢できるかは極めて疑問である。中国が米国共和党の支持基盤である農家からの大豆などに関税を賦課したことは、米国側の中間選挙の結果に少なからず影響を及ぼすことを狙ったものであるだろうが、いずれにせよ中国側は中間選挙の前後に何らかの手打ちを米国側と行わざるをえないことになる。トランプ政権にとっては、中国が中間選挙前に屈服しても、中間選挙後に屈服しても「外交政策で手柄を立てる」という意味で一定の勝利がすでに確定したゲームということになる。最悪のケースとして、中国の報復関税が功を奏して中間選挙で下院の接戦州で農家やリバタリアンの離反によって、共和党が敗北した場合でも米中双方の痛み分けという形で落ち着くことになるだろう。

（D）自動車および自動車部品に関する関税

一方、鉄鋼・アルミなどの追加関税、中国向けの巨額の貿易戦争と比べて、日本、欧州、カナダ・メキシコをターゲットにした自動車および自動車部品に関する関税の検討からは本気度が感じられない。

そもそも自動車関税の検討は2018年5月23日にトランプによってロス商務長官に「口頭」で行われたものであるが、これは従来までの大統領令・大統領覚書で準備を進めてきた他の貿易戦争ネタと比べて極めて雑なものである。トランプ政権では大統領令の原本は政権移行チームによってある程度準備されているとされており、口頭指示でしかない自動車関税政策の検討は政治的な裏付けが薄いものであることを伺わせる。また、同盟国を対象とする点では鉄鋼・アルミの追加関税と同様であるが、鉄鋼産業と異なって米国の自動車業界は同関税を支持していない。したがって、政治的な重みづけが非常に軽い。

ただし、日本ではほとんど報道されていないものの、自動車関連の輸入増加を安全保障上の脅威とみなす言論は存在している※21。GMは2003年に防衛部門を売却し、直接的な防衛調達からは撤退していたが、2017年に再び新組織を設立して再参入を果たす動きを見せている。国防総省では新技術を用いた燃費改善プロジェクトなどに共同で着手しており、米自動車会社との軍民両用技術開発が進んでいるとのことだ。商務省は今回の関税の検討では、米国内の自動車生産の減少が経済を弱くし、コネクテッド技術、自動運転車、燃料電池、電気モーター・バッテリーなどの能力を

※21「The auto industry is vital to our national security interests」THE HILL,2018,June,18

低下させているかどうかを調査するとしている。

筆者は、この自動車および自動車関税については、他国との貿易交渉用のカードであり、現実には懸念されるような大規模な形で実施されることはなく、農産物を含めた市場開放のバーター取引材料となるととらえている。実際、7月25日に行われたトランプとユンケル欧州委員会委員長の会談では農産物・エネルギーの輸入と引き換えに自動車関税はペンディングとなった。今後、高度な技術を用いた一部の車種に関連する自動車および自動車部品に対して何らかの措置が講じられる可能性は残っているものの、この関税措置の検討をもって保護主義に転じたと断じることは明らかに間違った理解であることは言うまでもない。

したがって、鉄鋼・アルミの追加関税と異なり、自動車および自動車部品に対する関税は日本政府がよほど下手を打たない限りは、十分に回避可能なタイプのものであり、日本政府が必要最低限の外交力をもっているかが問われていると言えるだろう。

3. 中間選挙と複雑に絡み合う「対イラン・対北朝鮮」政策の行方

外交と内政が相互に影響を与える米国の政治構造

（A）重点はいつも中東情勢

トランプ政権の2018年の課題は支持率上昇のために「外交政策」への評価を上げていくことである。そのため、通商政策以外の外交分野でも成果を上げていくことが求められている。そのための格好の事案が「北朝鮮問題」と「イラン核合意の見直し」であったことは議論の余地もないだろう。本節では、それらが何を意図してどのように行われたものであるかを分析していく。

まず分析の前提として日本人が米国の世界戦略を理解するためには物事の見方をガ

ラっと変える必要がある。日本人は「日米関係」「日中関係」「日韓関係」など、国際関係を二国間関係をベースとして考える傾向がある。そのため、他国に関しても「米朝関係」だけを取り出して、その意図を探ろうとする単線的な思考をする人があまりにも多い。2017年から2018年春までに日本国内で盛んに喧伝された「米朝開戦論」は、二国間関係で物事が決すると理解している国際常識が欠落したガラパゴス的な思考の産物にすぎない。当時、筆者はそれらを喧伝する有識者とされる人びとを横目で見ながら、粛々とクライアント先であるヘッジファンドなどの方々には「米朝開戦」がナンセンスな妄想であることを報告したものだった。

米国人は世界を面でとらえる傾向がある。たとえば、地球全体があり、そのなかにいくつかの地域が存在しており、その地域のなかに個別の国が存在しているという見方だ。これは米軍の世界戦略を下敷きにした見方といってもいいだろう。そのため、世界の複数地域での出来事を連関してとらえるとともに、個別の事象の意思決定に関しても他地域への影響を踏まえて実行されていることは明白だ。

米国大統領はもちろん、国務長官であっても同一人物が東アジア情勢と中東情勢に対応し、そして中国・北朝鮮やイラン・ロシアなどと同時並行的に対応を行っている。世界最強の米国であっても軍事力や外交力を無限に有しているわけがなく、限定された軍事力・外交力をどのように活用するのかは重要な課題である。米国にとっては個別の二国間関係の詰めも重要な要素となるだろうが、資源投入の濃淡などの戦略的な意思決定の優先順位のほうが高いとも言えるだろう。

さらに、国際情勢の変化、とくに宗教的な衝突が背景に存在し、近年では軍事的な関与が増大する一方であった中東情勢が米国の国内政局に与えるインパクトの大きさを想像することも大事だ。冷戦終結後の米国はその主敵をイスラム系のテロリストと位置づけて、それらを支援するテロ支援国家との戦争に踏み切った。アフガニスタンやイラクでの戦争への中途半端な関与は泥沼化につながり、現在でも米軍の撤収を行うことはできていない。それどころか、トランプ政権発足時はオバマ政権の政策失敗によってシリア・イラク北部でイスラム国が急速に台頭し、同盟国であるサウジアラビアは政情不安に陥っており、イスラエルは周辺国に触手を伸ばすイランに対して単独行動も辞さないレベルにまで追い込まれていた。

実際、２０１６年の大統領選挙時の外交政策・安全保障上の主要な話題は中東情勢であった。そのため、トランプ政権になって東アジア情勢の比重が急速に増しつつあることも事実であるが、米国の外交政策・安全保障の重点は常に中東情勢およびその背後に存在するロシア・欧州情勢にあると考えるべきであろう。

(B) 中東情勢と保守派・宗教団体の関係

以上のように、米国の戦略的な外交・安全保障の視点に立つことで、トランプ政権が2018年に外交政策上の手柄をどのようにあげようとしてきたのか、そして今後何をしようとしているのかを分析していく。

2018年2月末に行われた保守派総会(CPAC)に出席していた筆者は、トランプ・ペンスの両氏が全米から集まった保守派支持者に対し、北朝鮮に対する激しい批判を行ったことを記憶している。トランプは「最大の経済制裁」を公表するとともに、ペンスは北朝鮮の独裁制を激しく攻撃した。日本でもこの様子はメディアで大きく報道されていたらしく、前述のような北朝鮮との開戦間近というようなトンデモ話が大手メディアで益々主張される状況となっていた。(実際には共和党議員の一部からはトランプの北朝鮮制裁は手ぬるいと批判されており、さらに綿密な制裁案の提案が行われていたが、そのようなことは一切報道されることはなかったと思う。)

しかし、会場が盛り上がりを見せた瞬間は当然に北朝鮮に対する話題ではない。この保守派総会のなかで、トランプとペンスの両者が言及したものは「イラン核合意からの離脱」「エルサレムへの大使館移転」であった。共和党保守派の関心は東アジア情勢ではなく、中東情勢、とくに対イラン政策とイスラエルへの支持である。この場において共和党保守派のなかで福音派が喜ぶことが言えない政治家に、共和党保守派は選挙に動員できないと言ってもいいだろう。（ちなみに、筆者は２０１７年はトランプがイスラム国を地球上から消し去ることを宣言して大盛り上がりだったことを覚えている。）

このイベントにはマクマスターの後任として国家安全保障担当補佐官に就任するボルトンが毎年のように出席し、対イラン政策や北朝鮮のミサイル問題の危機的状況についてスピーチを行ってきたが、２０１７年までは聴衆は北朝鮮問題にはほとんど反応を示してこなかった。北朝鮮問題が注目を浴びるようになった理由は、実際に核実験やミサイル実験が行われただけでなく、金正恩が激しく米国を罵る言葉にトランプが強く反応したからにすぎない。米国の純朴な保守主義者たちが外国に直接的に罵倒の言葉を浴びせられるのは近年ではイスラム過激派以外にはなく、トランプと金正恩の罵倒の応酬は記憶に残ったに違いない。そうは言っても、トランプ政権を支える保守派のなかでは、北朝鮮ではなくイランの優先順位が高いことは明らかであった。

トランプ政権が政権発足直後に、最初に軍事行動を起こしたのは、前述のシリア空爆ではなく、イエメンのアラビア半島のアルカイダに対して、アメリカ海軍特殊部隊を派遣したことであることは意外と知られていない。この作戦自体はオバマ政権下で計画されたものであるが、トランプ政権はあっさりと作戦を承認した。イエメンはイランが支援するフーシ派が首都を占拠するなど、事実上の内戦状態に陥っており、そのなかで国際テロ組織が影響力を強化している状態であった。

トランプ政権の重要目標は、これらのテロリストが米国内に侵入することを防止すること、そして根拠地となっている中東諸国での影響力を失わせることである。ただし、トランプ政権にとってはそれらの安全保障目的と同等かそれ以上に、キリスト教福音派などの共和党選挙における宗教票に政治的なアピールを行うことも重要視されている。物議を醸したテロリスト渡航禁止法の対象国などからの入国禁止を命じた大統領令などもこの文脈から実行されたものである。同大統領令は発令直後から、民主党のリベラル系の法律家などによって「イスラム教徒への差別」は憲法違反に当たるとして多くの訴訟を提起された。これは単純なテロ対策による入管措置であるだけでなく、大統領令のなかに「少数派宗教の人びとを優先して入国させる」という文言が入っていたことを政治的に利用されたことが背景にある。

もちろん、イスラム教徒が多数派の国の少数派宗教となると基本的にはキリスト教徒になるわけであるが、この文言が入った背景にはそれらの国における少数派宗教に対する迫害状況を調査している共和党の支持母体のキリスト教系団体の影響があったことは間違いない。

また、トランプが2017年5月に最初の外遊先に選んだ場所はサウジアラビアであり、同国に1100億ドル（約12兆円）の武器を売却する契約に署名した。そして、中東版NATO構想（当然、敵対対象国はイラン）についてサウジアラビア国王との意見交換を行っている。（トランプの外遊の翌月にサウジアラビアなど湾岸諸国、エジプト、イエメン、モルジブなどがイランとの友好的な関係をもつカタールに対して断行措置に踏み切っている。）

この初外遊はサウジアラビア訪問後は、イスラエル、イタリア、バチカン、ベルギーを訪れるという宗教聖地巡りであった。トランプ政権はこの初外遊の直前に、「言論の自由と宗教の自由を促進する大統領令」に署名し、宗教団体が政治活動を行った場合に内国歳入庁が免税除外を無効化できるよう定めた条項の適用を控えること、そして避妊や中絶に対する医療保険適用義務づけを変更する内容を盛り込んでいる。

この大統領令を発表する前日、トランプは米国内の宗教指導者らとの夕食会を開催し、南部バプテスト連盟、カトリック系団体、米国福音同盟などの有力諸団体がホワイトハウスの決定を支持する声明を発表している。これはオバマ時代には絶対にありえなかった出来事であった。

(C)親イスラエル勢力の政治的圧力

先にも触れたが、中東地域における最大の難問の一つはイスラエルの取り扱いである。トランプは選挙期間中にイスラエルの首都をエルサレムに認定して米国大使館を移転させる旨を宣言していたが、２０１７年６月に同措置を見送る大統領令に署名している。もともとエルサレムの首都認定と米国大使館の移転はクリントン大統領時代の１９９５年に連邦議会が通過させた法案を根拠としており、クリントン・ブッシュ・オバマの３代の大統領は同法案の半年間の執行を延期する権限を使って決定を先送りしてきていた。

ただし、米国内の親イスラエル勢力の政治的圧力は凄まじいものがあり、トランプが見送りを決定した際、連邦議会上院で、「A resolution commemorating the 50th anniversary of the reunification of Jerusalem（エルサレムの統一50周年を記念する決議)」という決議がなされており、共和党・民主党も含めたほぼ全会一致（90対0）で、トランプ大統領に首都認定と大使館移転を行うよう求める状況となっていた。政権発足半年では時期尚早という判断もあったと思うが、この時のトランプ政権の首都認定などの見送り判断は政権内に親イスラエル勢力と距離があり、ユダヤ人であるクシュナーと対立関係にあったバノンの影響があったのではないかと推察される。（バノンが運営していたブライトバートニュースネットワークは反ユダヤ的傾向があることで知られていた。バノン自身もイスラエル紙ハーレッツなどからブライトバートニュース内に過去にイスラエルに否定的な言説が混ざっていたことが原因で警戒されてきていた。）

しかし、バノンはシャーロッツビルでの衝突を巡る舌禍の責任を取らされる形で政権から追放されることになった。シャーロッツビルの白人至上主義団体には反ユダヤ主義団体が混ざっており、事件発生時にネオナチを含む白人至上組織らを明確に批判しなかったトランプに対してユダヤ・コミュニティが反発してトランプ政権が崩壊しかかった。ラビ連合会が大統領と定例で行われていた電話会談を拒否、共和党ユダヤ人連合がトランプ発言に苦言を呈し、ユダヤ系で経済閣僚を務めるコーン、ムニューチン、特別顧問を務めていたアイカーン（同事件後に別の理由を大義名分に掲げて辞職）、そして娘婿のクシュナーなどに辞任圧力がかかるとともに、製造業評議会と戦略・政策フォーラムの2つの諮問会議が、参加していたCEOの相次ぐ辞任によって解散することになった。

バノンは事件の詰め腹を切らされたわけであるが、このバノン追放事件はユダヤ・コミュニティの影響力の強さを見せつける象徴的な出来事であった。（バノンはその後公約履行を理由としてエルサレムへの大使館移転を支持し、イスラエル側もバノンに融和的になっているが、お互いに本心かどうかは不明である。）

なぜ米国と北朝鮮は手打ちを行ったのか

（A）一般教書演説で北朝鮮がキリスト教福音派の「敵」に

そもそも北朝鮮と米国が戦争を行うことは実際にほぼ不可能である。北朝鮮は最近米国が相手にしてきた中東などの弱小国とは違い、すでに核武装を実現している軍事国家である。イラク戦争の時ですら米軍は6隻の空母を動員していたわけであるが、米国の空母動員状況にそのような変化は見られなかった。２０１７年末の大規模な軍事演習時でも最大で3隻の空母が動員されたにすぎず、対イランでの緊張が高まるとともに、ベネズエラなどの南米諸国が政情不安になるなかで、東アジアに北朝鮮と戦争するだけの兵力集中を行う可能性は限りなく低かった。

仮に米国が北朝鮮に対して戦争を実施するにしても、それは焼け野原となるソウル近郊に住む在韓米軍の家族を全て引き上げさせたうえでの話である。文在寅政権では事前に韓国国内から情報が洩れることは明白であり、その兆候があれば当然に日本にもいち早く伝わってくることになるだろう。また、実際に北朝鮮と戦争したところで、それがトランプと共和党にとって対イランやイスラエル関連の政策を進めるよりも票田に影響を与えるわけでもなかった。

ただし、年明け春頃から北朝鮮が急速に軟化姿勢を示した理由の一つとして、トランプ政権が北朝鮮に対して「北朝鮮相手でも米国内キリスト福音派を選挙に動員する理由になるんだぞ」と脅したことの意味は大きかったと思われる。そのトランプによる北朝鮮への脅迫は1月末の一般教書演説のなかで行われた。

一般教書演説はその年の政権の方針を連邦議会において大統領が説明する行為であり、米国では大統領の支持率を左右するだけのインパクトがあるイベントとなっている。トランプは一般教書演説のなかで北朝鮮について延々と取り上げ、脱北者を議場に招いて同国の残虐さをアピールした。その下りのなかに、「脱北しようとした者が北朝鮮当局に捕えられた際に、キリスト教の関係者に会ったのかと質問された」というエピソードが入っていたのである。

この一般教書演説の一文は北朝鮮当局者も当然に情報を得たであろうから、それを見た瞬間に心胆を寒からしめたことは間違いない。北朝鮮はキリスト教徒に対する宗教弾圧国として有名ではあるものの、一般的には中東に比べて注目されてきた存在とは言えない。このエピソードが米国人なら誰もが知るであろう一般教書演説に入ってきたことで状況は大きく変わってしまったことになる。それは中東に関心が注がれていた共和党の選挙マシーンであるキリスト教福音派の「敵」として北朝鮮が認定されてしまうことを意味していたのだから。

トランプが一般教書演説を行った日取りは2018年1月30日である。北朝鮮と西側諸国の窓口となっており、2017年から米朝の仲介役として活発に動きはじめていたスウェーデンに北朝鮮随一の米国通として知られる韓成烈外務次官が1月末に訪問していた時期とかぶる。このタイミングを狙ったトランプの脅迫は実にインパクトがあったものと想定される。スウェーデンは北朝鮮に大使館を有していない西側諸国の代理として北朝鮮と交渉する役割を担っており（最近では北朝鮮に拘束されていたオットーさんの解放にも関わった）、自由アジア放送（米政府系メディア）によると、この訪問時の北朝鮮・スウェーデンの会談では米国と北朝鮮のあいだの問題や朝鮮半島の安全保障情勢などが話し合われたことが示唆されている。

その後、平昌五輪に前後して北朝鮮と韓国が融和ムードを演出するなかで、米国側も北朝鮮との直接対話に舵を切りはじめることになる。北朝鮮の尊大な態度は相変わらずであったものの、傍から見ても北朝鮮の対米方針が年明け数か月のあいだに転換したことは明らかであった。

(B) イラン核合意離脱のための北朝鮮との政治的妥協

一方、米国側にも北朝鮮との交渉を早めに切り上げたい理由があった。それはイランの核合意からの離脱を判断する期限が迫っていたからである。トランプはすでに5月12日(実際にトランプは5月8日に離脱を宣言)までにイランの核合意に関して意思決定を下す旨を宣言しており、同意思決定を断行して中東地域に注力するためには何としても北朝鮮との手打ちを行う必要があった。前述の通り、北朝鮮が米国において注目されていた理由は、大陸間弾道ミサイルおよび核実験の実施、そしてトランプと金正恩の激しい罵り合いが原因であった。そのため、これらの脅威を取り除くとともに、トランプに対して北朝鮮が屈服する画が作れれば、それを外交成果として米国民に見せることで十分であった。そのため、緊張関係を緩和したい米朝両者の意向が合致したことで米国と北朝鮮の関係は急速に修復されることになった。

筆者が注目したのは、２０１８年5月2日に共和党下院議員18名がノーベル委員会に朝鮮戦争終結および朝鮮半島非核化の功績でトランプ大統領に２０１９年のノーベル平和賞を与えるように推薦した出来事である。米朝間で融和姿勢が取られはじめた時、オバマに対抗してトランプがノーベル平和賞を狙っているという話はもともとあったものの、２０１８年のノーベル平和賞の締め切りは1月末で終了していた。そのため、この推薦状はその翌年のノーベル平和賞受賞に推薦するという形式を取られている[※22]。

この共和党下院議員の18名の取りまとめを行った議員は、ルーク・メッサー共和党政策委員会委員長で、インディアナ州上院議員選挙予備選挙に出馬していた人物である。同氏はインディアナ州議会議員からのたたき上げであり、ペンスの選挙区を引き継いだペンス子飼の連邦下院議員でもある。つまり、このノーベル平和賞への推薦は、ペンス副大統領を含めた共和党の意向であるとみなすべきであり、したがってトランプが金正恩に派手な発言をしようとも北朝鮮との交渉決裂がなくなったことを実質的に意味していた。

トランプ大統領と金正恩朝鮮労働党委員長による米朝首脳会談という北朝鮮にとって長年の悲願となる会談が実現する運びとなり、トランプと金正恩の両者は今年5月に北朝鮮で拘束されていた米国人の人質解放などを経て急速に距離を縮めることになった。北朝鮮高官による相次ぐトランプ政権幹部に対する批判を受けて、トランプ大統領が書簡で首脳会談キャンセルを伝える一幕もあったが、トランプ大統領が書簡を送付した翌日、北朝鮮高官は「トランプ大統領の努力を内心では高く評価してきた」「米朝首脳会談は切実に必要」という事実上の土下座宣言を含む談話を発表して事なきを得た。

この談話は金正恩による委任を受けて公表されたものであり、談話形式一つを見ても外務次官ら部下の発言は自らの本意ではないと念を入れて強調するものであった。この金正恩の応答を受けて、トランプは一転して態度を軟化させて北朝鮮の訪米団の受け入れを表明、異例の好待遇の接遇を行うパフォーマンスを見せた。この一連のやりとりの背景にはトランプがイランとの核合意からの離脱に5月8日に踏み切ったこ

※22 「18 House Members Put Trump Up for Nobel Prize」https://www.dailysignal.com/2018/05/02/18-house-members-put-trump-up-for-nobel-prize/

とがある。それを知った習近平と金正恩は離脱報道とほぼ同日に大連で緊急会談を行い、「段階的な非核化」を確認し、その後北朝鮮は米国に対して不遜な態度を取りはじめていた。米国にとって中東と東アジアは密接にリンクしたコインの裏表の関係であり、中国も北朝鮮もその辺りのことは十分に理解して行動している。ただし、仮に米国が非核化に対して実質的な妥協をしたとしても、トランプが金正恩に主導権を取られた形で会うことは米国内での面子にかけて許されない。したがって、トランプによる会談キャンセルの恫喝は、拘束された米国人解放、そして核実験場爆破という金正恩が北朝鮮の国内政局上引き返せない行為に及んだことを見届けて行われている。イランの核合意離脱で生じた隙を埋めるために、書簡一つで交渉の主導権を取り戻したトランプ大統領の手腕は見事だったと言える。

ちなみに、上記のような背景をもつ6月12日に実施された米朝首脳会談では、同会談自体が行われて一応の手打ちがなされることが目的であったため、米朝首脳会談という政治ショーが実行されたにもかかわらず、これといった目覚ましい成果はなく依然としてトランプ政権の外交政策への支持率が上昇していない。そのため、筆者は北朝鮮の態度次第では中間選挙まで、もしくは来年のノーベル平和賞の審査までのあいだに金正恩と文在寅がホワイトハウスを訪れて朝鮮戦争の終結を宣言するセレモニーが催される可能性があるのではないかと推測している。

(C) ポンペオ国務長官とボルトン安全保障担当補佐官起用の本当の理由

トランプ政権にとって2018年になって外交・安全保障に関する人事も選挙的な意味合いが強くなっている。3月13日にティラーソン国務長官を解任してマイク・ポンペオCIA長官を後任に指名したこと、3月22日にマクマスター国家安全保障補佐官を解任して元国連大使のボルトンを据えたこと、はその象徴的な出来事であった。当該交代劇の背景として、大統領および国務長官のあいだでのイラン核合意および北朝鮮交渉での意見の相違があったと伝えられている。

2017年末からティラーソン国務長官の更迭は取り沙汰され、ポンペオが国務長官になるという人事は日本国内でも噂されており、それは北朝鮮との衝突に備えた人事ととらえられてきていた。しかし、そのような推測は物事を二国間関係で見ることしかできず、なおかつ米国の世界戦略と国内事情を無視した日本人の視点から見た分析であったように思う。

ティラーソンとマクマスター、そしてポンペオとボルトンの組み合わせの最大の違いは、イラン核合意からの離脱に対する賛否であった。もちろん前者は核合意からの離脱に反対、後者は核合意の離脱に賛成、ということになる。とくにポンペオは下院議員時代にイラン核合意に最も反対した議員として知られており、同合意を破壊することに関しては筋金入りの人物である。また、ボルトンは米国内では北朝鮮に対する最右翼として知られるタカ派であるが、むしろボルトンを政権入りさせて政治的に抱き込むことが狙いだろう。一定の譲歩を北朝鮮に与えても在野にボルトンほどに影響力がある強硬な反対派は存在しない状況となるからだ。北朝鮮との妥協を前提とするなら選挙対策上極めて有効な措置であったように思われる。

日本ではボルトンが北朝鮮にリビア方式の核廃棄を迫る云々と話題であったが、筆者は端からそのような日本での議論は無視させてもらって、「ボルトンの起用とはすごいなあ。北朝鮮はボルトンの持論である完全かつ検証可能な不可逆的な非核化（CVID）を真面目に取り合うわけがないのに」というぐらいの印象しかもっていない。この外交・安全保障のキーマン2名の入れ替えは、当然に北朝鮮ではなくイランを目的としたものとしてとらえるべきであり、北朝鮮対応を目的としたものでは明らかになかったからだ。

トランプ政権にとっては最優先課題は、中間選挙での勝利であって、そのためには東アジアの北朝鮮よりも中東のイラン・イスラエル、を重視することは当たり前のことである。同人事のなかで筆者が東アジア関連で一つだけ気になる点は共和党保守派が軍事的・政治的に支援する台湾問題が深刻化する可能性があることだ。米中貿易戦争が激しさを増すなかで、米国と北朝鮮が一旦手打ちの状況になっている以上、米国が軍事力をテコにして中国に圧力をかける手札として「台湾カード」は極めて有効だからだ。

トランプは２０１７年10月28日に米国防総省のアジア・太平洋担当の次官補にランドール・シュライバーを任命している。シュライバーはアーミテージ元国務副長官の「アーミテージ・アソシエイツ」の共同設立者でもあり、主に対中国を念頭に置いたアジアの安全保障問題を研究する「プロジェクト２０４９」の会長も務めている。実際、２０１８年になってからも、3月16日に米台の高官の相互訪問を可能とする「台湾旅行法」が発効されており、蔡英文とトランプが各々米国・台湾を訪問することが可能となっている。

また、米国の対台湾窓口機関である米国在台協会は6月12日に台北事務所の新庁舎の落成式を決行し、7月7日に台湾の国防部が米国のイージス駆逐艦2隻が台湾海峡を航行したと発表するなど、米台の急接近ぶりは著しいものがある。台湾と緊密な関係をもつヘリテージ財団や国防総省に近いハドソン研究所も年明け早々台湾問題に関するシンポジウムを実施していた。（直近7月18日にはヘリテージ財団で台湾政府の人間と反中タカ派のランドール・シュライバー国防次官補がヘリテージ財団でシンポジウムを開催。）そのようななかで、ボルトンは米国のなかでは親台湾派として知られており、同氏の持論は台湾への米軍駐留であることから、今後米海兵隊の駐留などが現実味を帯びてくる可能性がある。したがって、東アジアで今後何らかの安全保障上の展開を見せる場所があるとしたら、それは北朝鮮ではなく台湾になる可能性が高い。

（D）国内問題から目を逸らすための対外政策

本章の最後に通商政策・安全保障政策が噴出する国内問題のスケープゴートにされていることを指摘しておきたい。トランプ政権にとってのアキレス腱は好調な経済状況を除いた国内問題にある。保守派が掲げる選挙争点（妊娠中絶反対・同性婚容認反対・銃規制反対など）は、かつては共和党勝利の原動力となって機能したものの、近年ではあまり分が良くない争点となりつつあり、２０１０年代前後に関しては若干不利な争点または良くて五分五分程度の状況となっている。一昔前までは銃規制も中絶推進も民主党支持の左派が推進してきた結果、社会におけるカウンターカルチャーの形成として保守派による反対運動が盛り上がってきていた。

しかし、近年は共和党が連邦議会だけでなく州知事および州議会マジョリティとなり、昨年に最高裁に保守派判事が任命されたことで、民主党を支持する左派勢力が政治運動を活発化させており、サンダースらの扇動的な政治家の存在の影響もあってそれらの反保守運動は全米で勢いを増しつつある。相次ぐ学校での銃乱射事件後に生き残った高校生による銃規制を求める運動やセクハラ問題に端を発した女性の権利向上を求める「#MeToo」運動、不法移民の親子を分離する措置に反対する運動など、民主党寄りの社会運動が巻き起こったことで、トランプ政権にとっては本来は保守派を動員するための社会争点を前面に押し出したキャンペーンを展開することは非常にハードルが高い状況となっている。

これらの左派系の運動を助長させているのはリベラル系のメディアであり、トランプ政権および共和党側が手をこまねいていれば、左派に有利な社会問題を中間選挙における選挙争点としてメディアに設定されてしまう可能性がある。それを避けるためにも、共和党支持者からの関心が高く、なおかつ国内問題から目をそらすことができる通商政策・外交政策は丁度よい「争点ずらし」として機能している。トランプが連日のように通商政策・安全保障政策について過激で物議を醸す言動を行うことによって、限られたメディアの報道枠はそれらに対する賛否で埋め尽くされている。これは大統領選挙時にも見られたトランプによるメディアの「ハック」の再現であり、トランプ政権によって意図的に行われていると想定するべきだろう。

中間選挙が近づくにつれてさまざまな世論調査が発表されているが、トランプ政権が過半数から好評を得ているものは「経済政策」であり、それらについては黒人・ヒスパニックらの有色人種にも支持されている特徴がある。トランプ政権としては、潜在的な敵陣営の支持者が「経済以外の国内問題の争点」に目を向けず、投票棄権などの選択を行うように仕向けていくことは必須の作業である。

【まとめ】
２０１８年中間選挙に向けたトランプ・共和党の動向

１．２０１８年中間選挙情勢の読み解き方

▼中間選挙を取りまく基本的な政治状況を知る

(A) 中間選挙は上院は民主党大勝利時の改選年にあたるため、共和党が過半数を維持できる可能性が高い。一方、下院は過半数割れの可能性があり、トランプは共和党支持者の投票率向上・組織動員を重視している。

(B) 万が一中間選挙に敗北した場合、ロシアゲート問題などが深刻化する可能性があるとともに、トランプは政権を維持するために従来までの政局・政策上の方針を大きく切り替える必要がある。

▼中間選挙を見据えた2018年1月〜2月の情勢の厳しさ

（A）減税政策や規制廃止の影響を受けて経済政策の支持率は回復しているものの、政権全体の支持率は依然として不支持が支持を上回っている。また、共和党支持者は現状に満足してしまって動きが鈍くなっている。

（B）2018年保守派総会（CPAC）はトランプ色が強くなったことで、経済的自由を求めるリバタリアン系の団体が姿を消すとともに、伝統的な共和党支持者の女性論客が批判スピーチをするなど荒れ模様だった。

（C）共和党支持者をまとめ上げるためには「外交・安全保障」（通商政策を含む）で成果を上げることが重要である。トランプ政権は外交政策への支持が不支持を上回るようにするために具体的な成果を必要としている。

2. トランプ政権における貿易戦争の読み解き方

▼「共和党は保護主義に転換した」というデタラメの蔓延

(A) 共和党支持者の政治的な理念は「愛国心」のイデオロギーによって形成されているため、政治的な動機を軽視して経済的な動機だけで同党支持者の行動を説明することは根本的に間違っている。

(B) 共和党支持者（とくに保守派）はクリントンやオバマが推進した「自由貿易協定」を国家主権の侵害とみなして反対していた。そのため、自由貿易自体を否定したわけではないことに注意が必要である。

▼貿易戦争を正当化するための論理と実際

(A) 共和党支持者の一定割合が関税を支持する理由は、自由貿易を実現するために相手国の関税および非関税障壁などの不公正なルールを「国家主権の行使」（関税）によって変更させることに納得しているから。

（B）貿易戦争に対する分析の前提として「国家安全保障」「市場開放」を目的とする共和党の動機と選挙に勝つための「保護主義・重商主義的な政策」「愛国心の高揚」を目的とするトランプの動機が異なることを理解すべきである。

▼2018年トランプの対中貿易戦争の展開分析

（A）2017年から大統領令などで一連の貿易戦争による準備のための調査は行われていた。そのため、事前に何が起きるかの予測は可能であり、貿易戦争が発生したこと自体は驚くに値しないことである。

（B）2018年年明け早々から対中国を念頭にしたセーフガードや鉄鋼・アルミの追加関税が実行されてきた。ただし、ペンシルバニア州下院補欠選挙の結果などを見ても、現在まで選挙を左右するだけの支持率上昇はない。

(C) 知的財産権侵害を巡る巨額の関税賦課やハイテク企業への制裁を巡る応酬が激化しつつあるが、関税に関しては中間選挙前後で米中間で何らかの手打ちが行われる可能性がある。

(D) 自動車および自動車部品に関する関税は、大統領令ではなく口頭で商務省に命令されたものであり、政治的な重みが軽い。一部のハイテク製品に関する関税措置はありえるが、基本的には貿易交渉の材料とみなすべき。

3. 中間選挙と複雑に絡み合う「対イラン・対北朝鮮」政策の行方

▼世界戦略と国内情勢が相互に影響を与える米国の構造

(A) 米国は世界戦略を「面」としてとらえて優先順位をつける傾向があり、二国間関係の「線」でとらえがちな日本人の思考とは異なる考え方をもっている。そのなかでも中東は最も優先順位が高い地域である。

(B) トランプ政権の政局上の最優先事項は「イラン核合意からの離脱」であり、初外遊先をサウジアラビアに選ぶ熱の入れようである。また、政権における宗教団体の重みは非常に大きなものとなっている。

(C) 親イスラエルのユダヤ系コミュニティの政治的・経済的な存在感は非常に強く、トランプ政権の存亡に影響を与えるほどの影響力をもっていると理解するべきである。

▼なぜ米国は北朝鮮との手打ちを行ったのか

(A) 北朝鮮と戦争をすることがもともと不可能に近いことは大前提。ただし、トランプ政権は経済制裁や効果的な脅しを実践することによって、北朝鮮を交渉の場に引きずり出すことに成功している。

(B) イランの核合意から離脱すること、そして中東情勢に注力するために、トランプは北朝鮮と妥協を行う必要があった。米国の足元を見る北朝鮮とのやりとりを経て米朝会談が実現されただけで、米国内の政局上の意味合いだけなら成功している。

(C) ポンペオ国務長官、ボルトン国家安全保障担当補佐官の人事は、最初からイランの核合意からの離脱を目的としたものであった。今後、東アジア情勢の焦点は北朝鮮から台湾に移る可能性が高い。

(D) 近年では共和党にとって有利であった国内の社会問題に関する選挙争点が必ずしも有利ではなくなりつつある。トランプ政権の通商政策・外交政策などにリベラル系のメディアの論点を移す手法は見事である。

2019～2020

トランプ大統領再選を読み解く

1. 2020年大統領選挙へ

2020年大統領選挙と連邦議会議員選挙の基本的な構図

(A) 大統領選挙と上院議員選挙の利益相反の可能性

本章では2018年11月中間選挙後の予測を行う。将来にこれから起きることを予測することは非常に困難ではあるものの、すでに予定されている出来事を分析することで一定の範囲で未来予測を行うことは可能である。米国の政治に関して将来予測を行ううえで重要となる要素は、2020年の大統領選挙および連邦議会議員選挙の構図であろう。

2020年の連邦議会議員選挙、とくに上院改選州の構図は2018年中間選挙とはほぼ真逆の構図となっている。2018年はラストベルトなどの製造業州が改選選挙区に多く含まれていたが、2020年は中西部・南部などの農業州が上院の改選選挙区となる。そして、2020年の改選対象となる2014年の上院議員選挙は共和党が圧勝しており、この点も民主党が圧勝した2012年上院議員選挙の改選となる2018年中間選挙とは政局上の構図が全く逆転している。

一方、大統領選挙で共和党の大統領が勝利を収めるためには、2016年の大統領選挙のようにラストベルトの製造業州で勝利することが重要であることに変わりはない。共和党は自らの鉄板選挙区のレッドステート（共和党のカラーは「赤」）ではなく、大統領選挙を決する接戦州（スウィングステート）で勝てる候補者、そして勝てる政策を提示する必要がある。

つまり、次回2020年の選挙では、上院議員選挙と大統領選挙の利害が必ずしも一致しない状況となる。とくに共和党上院には改選を控える現職の議員たちが多数存在する状況となり、連邦議会から大統領への政治的な圧力は2018年中間選挙時よりも強まるものと想定される。その結果として、トランプは、民主党との選挙戦に勝ち抜くだけでなく、その前提として共和党内からの反乱の芽を摘む作業を同時に行うことが必要となるだろう。

（B）2020年までに起きる政策上の争点の予測

突発的な安全保障上の出来事を除き、米国内で数年以内に起きる出来事についてはある程度予測可能である。最も発生可能性が高い変化は、景気後退の開始、であろう。すでにトランプがオバマから政権を引き継いだ段階で長期の景気回復過程の最中にあり、トランプの一連の経済政策はそこにさらにエンジンを蒸かすものとして機能している。足元の経済指標は良好な数字が続いているものの、流石に2020年まで景気回復が継続すると考えることは楽天的にすぎるであろう。実際、筆者が話すヘッジファンドのマネージャーたちには2019年以降は厳しい見通しをもっている人びとも多い。

そのため、トランプは自らのアイデンティティーである「経済に強い大統領」のイメージを保つために、何らかの景気テコ入れ策を追加投入する可能性が高いものと想定される。共和党の大統領としてはさらに減税政策と規制廃止を推進することになるのが通常のパターンであるが、トランプ政権には2018年までは後回しにしてきた巨額のインフラ投資という隠れ玉が残った状況となっている。そのため、景気を下支えするために公共事業などの財政出動に舵を切る可能性がある。しかし、これらはバラマキ政策と財政赤字の増加を嫌う共和党保守派とのあいだで政治的なコンフリクトが伴う政策でもある。

さらに、上院選挙区の関係から農業へのテコ入れを求める声が強まることになるだろう。そのため、トランプが意図しているであろう製造業の保護のために、中国などの貿易相手国から農産物の輸入に報復関税をかけられている状態を継続するのは困難になるだろう。どちらかというと、むしろ2020年の上院議員選挙での勝利を考えるならば、農産物の輸出拡大が重要となるために、世界の貿易相手各国に農産物の関税および非関税障壁の廃止を強制する主張が強くなることが予測される。これは同選挙区で算出されるエネルギー資源の輸出についても同様であり、日本などの関係国は市場開放圧力とともにエネルギー資源の輸入拡大を求められることになるだろう。

(C) 中間選挙の勝敗を分ける下院選挙の情勢分析(2018年8月上旬)

2018年中間選挙は主に下院の過半数獲得を巡る争いとなる。すでに選挙に向けた情勢分析がさまざまな世論調査・情勢分析サイトで開始されており、興味深いデータが上がってきている。「The Cook Political Report」によると※23、表面上は共和党

※23「The Cook Political Report」https://www.cookpolitical.com/ratings/house-race-ratings

優勢選挙区が240選挙区、民主党優勢選挙区が195選挙区ということで、中間選挙情勢は共和党下院勝利のように見える。実際、米国では共和党優勢を喧伝する識者も多い状況ではあるものの、筆者は「共和党勝利確定」説は不確かであり、実際には民主党が共和党を下院で下す可能性があると考える。

同サイトで激戦選挙区とされる100選挙区の大半は共和党側の現有議席の選挙区である。現職は選挙に強く共和党は盤石と思われているが、今回は共和党側の現職議員の引退数が多いため、すでに民主党側に傾いている選挙区が多い。そのため、現職が引退する選挙区の多くが民主党に有利な選挙区になる可能性がある。また、共和党が優勢とされる選挙区のうち24選挙区は「TOSS UP(伯仲選挙区)」に分類されており、共和党の動員体制が何かの理由で鈍くなるか、または民主党に風が吹けば簡単に逆転される状況となっている。

共和党がこれらのTOSS UP州の全てで敗北する(または共和党がやや優勢という選挙区のいくつかを含む)と当然に過半数割れを起こすことになる。具体的には、それらのTOSS UP州や共和党やや優勢州のうち、共和党現職引退&ヒラリー勝利の8選挙区(ペンシルバニア5区など)、共和党現職有&ラテン系有色人種比率が高い&ヒラリー勝利の5選挙区(コロラド州6区・フロリダ州26区など)、共和党現職有&

郊外地区&ヒラリー勝利の10選挙区（カリフォルニア州45・48区など）、共和党現職無&トランプ辛勝の11選挙区（ニュージャージ州2区・11区など）、合計34選挙区は共和党の苦戦は必至だろう。

特筆すべきポイントとしては、上記の接戦選挙区では、民主党の新人候補者が共和党現職議員を資金調達額で上回る状況となっていることだろう。第二四半期の資金調達状況は民主党新人が共和党現職を上回る事例が56選挙区存在しており、共和党新人が民主党現職を上回る事例はわずか3件しかない[※24]。通常の場合、現職は資金調達面で有利な立場にあるはずであり、民主党候補者が共和党候補者を上回っている現象は民主党側の選挙に勢いがあることを示している。

一方、トランプに対する評価が共和党内で割れていることも重要だ。すでに中間選挙に4億ドルの巨額の資金を投入することを宣言しているメガドナーのコーク兄弟とトランプ大統領は「関税」「移民」に関する激しい舌戦を行っており、共和党議員はトランプ大統領とコークが組織する草の根団体のあいだで板挟みになっている。本来は総力を結集して共和党側は民主党側と戦うべきであるが、大統領と最大の資金の献金者が分裂・衝突しているありさまとなっている。

※24「56 Democrats outraised GOP incumbents. Here's where it could make a difference.」2018,July,26

通常の共和党支持者内でも分裂状況は顕著だ。トランプ大統領への共和党支持者からの支持率は8割を超えているとされているが、実際には積極的支持・どちらかというと支持が約半数となっている。つまり、共和党支持者の半数はトランプ大統領に対する曖昧な支持しか示しておらず、選挙日までに実際の投票に足を運ぶかは極めて疑問である。

この共和党の分裂状況を端的に表していた選挙として8月7日に接戦選挙区の一つであるオハイオ州12区で行われた補欠選挙に注目しておきたい。この選挙区は現職議員の離職に伴う選挙であり、1982年以来共和党が議席を独占してきた実績がある場所だ。オハイオ州の現職知事であるケーシック（大統領選以来の反トランプの筆頭格）の下院議員時代の地盤であり、共和党候補者はケーシックお抱えの州上院議員であった。同候補者は保守派草の根団体とトランプ支持者の連合に支持された保守派候補を予備選挙で破って共和党候補者の地位を獲得している。

結果はわずか0・9％しか差がつかない僅差で共和党が勝利する大苦戦となってしまった。共和党側は過去の選挙と比べて動員力の面から明らかに勢いを欠いていたのに対し、民主党側は同選挙区では稀に見る大躍進を遂げることになった。現在、この原稿を書いている段階では暫定票・期日前投票の結果が明らかでないため、場合によっては共和党候補者の逆転負けという可能性もある。この補欠選挙はトランプを巡る深刻な分裂が共和党候補者の得票に明確に影響を与えている事例と言えるだろう。

筆者は下院議会議員選挙はどちらが勝つかは予断を許さない状況にあり、これまでの補欠選挙の状況も加味すると共和党苦戦のシナリオは十分にありうる状況と考える。

共和党大敗の分かれ目となる上院選挙区の分析

(A) 鉄板州でも苦戦する共和党

2018年中間選挙の上院選挙は下院選挙と比べて勝敗がすでに見通せる状況となっている選挙州が多い。そのため、上院選挙で波乱が生じる場合は、共和党が過半数を割る状況に陥るケースになるだろう。

大前提として、今回2018年の上院選挙は、2012年に共和党が大敗した際の改選に当たるため、共和党は本来は現状以上に負けようがないレベルからのスタートとなっている。共和党保有議席数9議席に対し、民主党系保有議席数は26議席であり、基本構図は共和党が民主党の現有議席を奪いにいく戦いととらえるべきだろう。

しかし、共和党も絶対的な優位を保っているわけではない。共和党の上院の現有議席数は合計51議席しかないため、民主党の現有議席を1議席も崩せなかった場合、わずか2議席を落としただけで過半数割れということになる。前述の「The Cook Political Report（8月1日）」によると、共和党保有議席でTOSS UPには、ネバダ州、アリゾナ州、テネシー州の3州が含まれている。このうちネバダ州は現職議員が存在するが、アリゾナ州とテネシー州は現職引退（いずれも反トランプ）に伴う新人の挑戦となる。同3州は民主党に敗北する可能性があり、共和党としては一議席も落とせない戦いとなっている。

さらに驚くべきことに、テキサス州がやや共和党寄りの激戦州の一つとして位置づけられていることだ。テキサス州はトランプと大統領選挙を争ったテッド・クルーズが再選を目指しているが、民主党候補者が猛追しており、今回の上院選挙の注目選挙区の一つとなっている。クルーズはリベラル側から見た場合、保守派のイデオローグ（≒標的）として狙われやすい存在であり、テキサスという鉄板州でありながら相当の苦戦が予想されている。意外かもしれないが、これらの南部州ではトランプの支持率は実は低い傾向があり、同地域ではヒラリーが大幅に得票を伸ばしていたことも見逃すべきではない。現在の共和党の上院選挙での苦境は大統領選挙時から続く中長期的なトレンドとしてとらえるべきだろう。

ただし、基本的には民主党が共和党と比べて構図として不利であることには変わりない。

民主党側の現有議席のうちTOSS UPややや民主党寄りの接戦州に分類されている州は、フロリダ、インディアナ、ノースダコタ、ミズーリ、ウェストバージニア、オハイオの6州である。これらは全てエネルギー関連産業を抱えている州であり、トランプ政権のエネルギー規制緩和政策の恩恵を受ける地域である。フロリダの沖合開発は共和党内からも賛否両論あるが、基本的にこれらの州の化石エネルギー関連産業はオバマ時代に冷遇されてきた経緯があり、民主党に対する有権者の反発は根深いものがある。

一方、その他の改選州であるラストベルトに属する製造業州（ミシガン、ウィンスコンシン、ペンシルバニアなど）については、鉄鋼・アルミ関税の実施にもかかわらず、上院選挙での支持率は十分に上がっているわけではない。したがって、上院での勝負の分かれ目はトランプ政権の関税政策の是非というよりもエネルギー規制緩和の経済効果が問われる形となりそうだ。

以上のように、共和党は本来であれば鉄板州を守ったうえでの楽勝の戦いとなるはずが、南部での支持の構造的変化のあおりを受けて実は後がないところまで追い詰められてしまっている。そのため、民主党保有議席をいくつか奪うことは必須となっており、有権者からトランプ政権の規制緩和政策を含めた真価が問われる状況となっている。

中間選挙後に予想される4つのシナリオ

(A) メインシナリオは、共和党の上院勝利・下院敗北

筆者の中間選挙結果のメインシナリオは、共和党の上院勝利・下院敗北である。選挙直前の下院選挙区の情勢分析を綿密に実施しないと確定的なことは言えないが、現在までの補欠選挙の数字、世論調査状況、そして予備選挙時の勢いを見ても、共和党が民主党に対して優勢を確立しているとは言えない状況だ。上院は民主党大勝利時の

改選であるため共和党が減らすことは考え難いが、下院においては大敗とまでは行かないものの、僅差での敗北は十分にありえるものと想定している。

サブシナリオとしては、共和党が上下両院を制するパターン、共和党上院敗北・下院勝利のパターンを想定している。この両者のパターンは共和党側が保守派の選挙マシーンを存分に機能させたうえで、景気回復に満足している有色人種層が投票棄権した場合に発生することになる。両パターンの違いが生じる理由は、反トランプ系の共和党上院議員が存在している一部の上院改選州（アリゾナ・テネシーなど）で共和党候補者が敗れるか否かの違いである。前者の共和党圧勝パターンの場合、共和党側はトランプ路線が追認されるとともに、民主党側は党の在り方や存在意義を問われることになるだろう。後者の共和党が上院で敗れる場合、民主党の影響が強い上院と共和党保守派の強い下院の対立が深刻化し、米国政治の国内政局・国際関係の複雑さが一層増すことになる。

最後に可能性はかなり低いが、共和党が上下両院の多数を失うパターンである。これは上院・下院での過半数割れという極めて困難な事態を想定する必要があるが、可能性はゼロではないように思われる。万が一、上下両院での過半数割れ、それも共和党鉄板州での敗北、ということになった場合、その衝撃がトランプ政権に与える影響は計り知れないものになるだろう。

(B)「トランプ」「共和党」「民主党」の力関係が激変

中間選挙の結果は2020年の大統領選挙・連邦議会員選挙に向けた「トランプ」「共和党」「民主党」のアイデンティティーの見直しを迫ることになる。なぜなら、選挙結果を受けて、三者間の力関係に大きな変更圧力が生じるからである。とくに、トランプは政局上の生き残りが至上命題であり、臨機応変に態度を変更することにためらいはないだろう。

メインシナリオ(共和党の上院勝利・下院敗北)の場合、下院を牛耳る保守派の影響力が低下するため、トランプは従来までの保守派ベッタリの路線の見直しを迫られることになる。トランプは自らの立場を維持するために上院の共和党主流派と民主党指導部との政治的妥協を求めるようになるだろう。

共和党の上下両院での勝利の場合、アイデンティティーの見直しがトランプではなく、共和党・民主党の両政党内で必要となるだろう。共和党保守派内でのトランプ色の浸透(リバタリアンの影響力のさらなる低下)が発生し、共和党主流派もトランプ路線に政治的に屈する傾向が強まることになる。また、民主党側は執行部への批判が高まり、党内左派の執行部への政治闘争が激化することは間違いない。

共和党が上院敗北・下院で勝利する場合、上院・下院を各々イデオロギーが全く異なる勢力が支配することになり、米国政治に一定の麻痺状況が生まれることになる。国際情勢に対する外交政策・通商政策のアウトプットも分裂ぎみとなり、さまざまな勢力の意向が混在したメッセージが相手国に伝えられることになりそうだ。

共和党が上下両院で敗れるシナリオの場合、共和党内でトランプ路線が明確に否定されることになる。共和党の連邦議員たちはトランプの再選を阻もうとするだろうが、トランプが敗北責任の押し付け合いのなかで逆に強硬姿勢に転じて共和党と対立することも想定するべきである。一方、民主党側は勝利の理由が敵失となることで、むしろ党内路線の迷走が一層深まるものと思われる。

一般的に中間選挙は大統領選挙よりも地味な選挙ではあるものの、２０１８年中間選挙に限って言えば、今後の米国政治の在り方自体を根源から揺さぶる重要なターニングポイントになる。そのため、本章では上記の４つのシナリオについてさらに深堀りした考察を行うものとする。

2. 4つのシナリオを深掘りする

共和党上院勝利・下院敗北のシナリオ

(A) トランプと共和党保守派の蜜月関係の終焉

共和党は上院・下院で各々主導権をもつ勢力が異なり、上院は共和党主流派、下院は共和党保守派が牛耳る構図となっている。民主党が強い州都を含む州全体を相手にする上院議員選挙と比べて、エリアが限定される下院議員選挙は保守派の草の根団体の影響力が強く、イデオロギー的にも右に偏った議員が選ばれがちだからである。そのため、共和党の上院勝利・下院敗北となると、党内での影響力が共和党主流派の優位に傾くことが想定される。

連邦下院は予算の先議権をもっているため、上院と比べて予算論議における主導権を取りやすい構造となっている。（ただし、優越権は存在しておらず、上下両院で議論も同時並行的に進むので、日本の衆議院の参議院に対するほどの影響力はない。）そのため、財政的に小さな政府を求める保守派の指導力が減退し、下院での審議で民主党側との調整が必要となる事態は連邦予算編成に少なからず影響を与えることになるだろう。

具体的な変化としては、公共事業対策などのインフラへの積極的投資が行われることが想定される。共和党主流派は財政的には比較的民主党に近い傾向があり、自らの選出州への利権誘導に関しては積極的である。主流派のボスであるミッチー・マッコーネル上院院内総務の妻はインフラ投資を所管する運輸省長官であり、すでに政治的な態勢づくりが終わっていることも大きい。２０１９年以降に景気後退局面に突入することが想定されるなかで、財政規律を求める声はますます弱くなっていくことになるだろう。

また、移民政策などの国境管理についても従来よりは柔和な姿勢に転換する可能性がある。現在、移民政策を巡って連邦議会において複数のグループがお互いの主張をぶつけ合って調整している状況にあるが、その勢力バランスが崩れて民主党寄りの現実的な妥協策が模索されることになる。メキシコ国境のあいだに壁をつくる、としたトランプの方針は棚上げの対象となり、最新の監視技術を活用した現実的な対処が進められることになるだろう。

ちなみに、実はトランプ政権下では政局上の行き詰まりを打開するために、度々共和党主流派・民主党指導部と政治的妥協を行ってきている。2017年9月の債務上限引き上げ時には、トランプは議論が平行線を辿っていた共和党保守派らを切り捨て、民主党指導部との政治的な取引を主導する決断を行った。また、2018年2月の政府閉鎖も視野に入れた連邦予算の攻防の際には、共和党主流派と民主党指導部のあいだで双方の望む予算を増額する政治的取引が行われて、実際の下院採決時には共和党保守派議員の大量造反につながっている。

トランプは状況に応じて自らの政治的立場を柔軟に変更する可能性があり、それは共和党主流派も織り込み済みといったところだろう。実際、下院での劣勢を見越したのか、トランプは中間選挙に向けた上院の共和党予備選挙で自らを推すトランプ派の候補者ではなく、共和党主流派が推す候補者を支援する政治的なベタオリを選択しており、すでに共和党主流派との手打ちモードに入っているとみなすこともできる。

（B）融和的な外交姿勢への転換

連邦上院は条約の批准と指名人事に関する権限を有している。共和党保守派の影響力が低下し、共和党主流派の影響力が高まることは、諸外国への強硬な外交政策を転換し、国務省をはじめとした指名人事に従来までの外交政策の担当者らが復権する可能性があることを示唆している。中間選挙以前も上院は共和党主流派の影響力が強かったが、そこにさらに主流派系の議員が増加することによって、トランプの同盟国に対する敵対的な外交姿勢に「待った」がかかる可能性が高い。

その結果として、トランプの米国第一主義を標榜する単独主義的な外交姿勢はトーンダウンを余儀なくされるとともに、伝統的に友好関係にある欧州との関係回復やロシアとの敵対姿勢への回帰が明確に打ち出されるようになるだろう。NATOに対する現状の政策が大幅に変更になるとは思えないが、少なくとも欧州各国に対する表面上のメッセージは紳士的なものになっていくことになる。

また、欧州に対する貿易戦争のような同盟国に対する不毛な争いは見直されることになり、大西洋地域には一定の安定感がもたらされることになると想定される。2020年上院選挙を抱える共和党主流派から見た場合、欧州との関税を巡る不毛な軋轢を煽ることよりも農業の輸出拡大を推進する交渉を粛々と行うほうが合理的な判断に見えることだろう。

中国に対する安全保障上の問題意識は共和党内で幅広く共有されており、ハイテク投資や技術流出などに対する制裁はこのケースでも継続していくものと想定される。下院での選挙敗北が直ちに中国に対する融和姿勢に直結すると考えることは早計だろう。ただし、中間選挙下院の敗北の仕方にもよるが、関税の応酬に関しては米中のあいだで積極的な政治的妥協が図られていくようになるだろう。共和党内で下院の敗北原因をトランプの関税政策に求める声が噴出し、党内のリバタリアンに近い自由貿易派の声が復権する可能性があるからだ。また、台湾支援は保守派が重視している政策であるため、その影響力の低下が台湾問題への関心低下につながることも否めない。

このメインシナリオでは、トランプ政権の方向性がオーソドックスな従来型の米国共和党の統治スタイルに回帰することで、政治的中間層からのトランプへの支持回復という状況を生み出す可能性がある。さらに共和党保守派は政治的不満を募らせることになるであろうが、それが逆に2020年の選挙へのモチベーション強化につながる可能性も否定できない。トランプにとっては再選に向けた政治状況として、このメインシナリオは必ずしも否定的なものとは言えないだろう。

下院の敗北はトランプに対する弾劾を引き起こす可能性があるが、上院共和党が賛同しない限りは政治的パフォーマンスに終始するだけだろう。

共和党が上下両院で勝利するシナリオ

(A) 共和党・民主党の左右両極化へ

共和党が上下両院で勝利するシナリオは、メインシナリオよりも具体的な予測が難しい。なぜなら、一見して現状の継続に見えるこのシナリオは実は米国の政治環境を根本から揺るがす可能性を秘めているからである。中間選挙における上下両院での勝利は、トランプに対する完全な信任を与えることになり、そして、それは同時に共和党という政党がトランプ色に染め上げられていくことを意味する。その結果として、従来までは少数勢力に過ぎなかったトランプ支持者が大手を振って共和党内を闊歩するようになるはずだ。

共和党内においてはトランプに対して反抗的な国際協調を求める共和党主流派議員

や財政規律を求めるリバタリアン系勢力は一掃されていくことになる。とくに保守派のトランプとの一体化が一層進んでいくことで、共和党議員のイエスマン化が進み、2020年の連邦議会選挙の党内予備選挙ではトランプ支持者が大量に擁立されていくことになるだろう。そして、共和党内でトランプの権勢が確立することで、トランプ再選を阻む声はほぼ消滅することになる。

このシナリオの場合、中間選挙の結果が共和党だけでなく民主党に与える影響も大きなものになる。中道的な傾向がある民主党指導部に対する敗戦責任を求める批判が党内左派から高まることで、民主党内での内紛を経て党執行部の性格が左派寄りにシフトすることになる。とくにサンダースら左派の影響力が増加することで、民主党側からも本物の保護主義が台頭し、米国の二大政党が双方ともにポピュリズムの波に飲み込まれることになる可能性が高い。

したがって、米国内の左右の分断が深刻化することによって、米国内で想定外の事態が発生していく可能性がある。たとえば、昨年末からカリフォルニア州をリベラル派・保守派の強い地域などの3つに分割する政治運動が発生していたが、地域におけるコミュニティの分断が米国の政治構造の変更につながっていく可能性を示した事例だと言えるだろう。

また、このシナリオが実現するためには、民主党側の支持基盤である有色人種が投票に行かないことが重要な前提条件となる。トランプ政権は有色人種対策に力を入れており、とくに黒人労働者へのＰＲに集中している。そのため、都市問題を所管する住宅長官に黒人医師のベン・カーソンを据えており、ホワイトハウスに黒人牧師を招くような積極的なＰＲ活動を行っている[※25]。トランプが有色人種の失業率が歴史的水準まで低下したことを度々強調するのも同ＰＲの一環である。有色人種の有権者が民主党を見捨てる事態が発生した場合、従来までの政党別の人種の枠組みにも変更が生じることになるだろう。

（Ｂ）トランプの思い通りの世界情勢になる

２０１８年中間選挙はトランプの通商政策・外交政策が争点となることから、共和党の上下両院での勝利は米国の有権者のトランプの対外政策への追認ということになる。そして、トランプ路線を抑制して修正するはずの共和党主流派の声は弱まり、民主党側は教条主義的な左派勢力が台頭して現実的な議論が不可能になるであろう。し

※25「Trump 'Most Pro-Black President,' Pastor Says in White House Meeting」The Daily Signal,2018,Aug,2

たがって、トランプが現在行っている通商政策・安全保障政策のトーンは一層強まることになるだろう。

中国に対する軍事的・政治的なエスカレーションを止める勢力はほぼ存在しなくなるため、中国側が完全に屈服しない限りは、通商政策・安全保障政策における強硬政策は継続されることになる。景気後退がはじまることによる国内フラストレーションは対外的なはけ口を求めるため、中国はこれまで以上に格好の標的として利用されていくことになるだろう。両国のあいだで緊張が高まるなかで、米国の台湾への支援が強化されていき、トランプまたはトランプ政権高官の台湾訪問、そして蔡英文《ツァイインウェン》との面会という状況が発生する可能性も考慮に入れるべきだろう。それは即ち中国の政治体制そのものにも影響を与えることになり、中国のバブル的な景気後退に伴う経済発展の停滞だけでなく、習近平への中国国民からの信任が揺らぐことになる。(もっとも筆者はこのシナリオが起きた場合、賢い中国側が早々に米国との貿易戦争で降伏・米国に有利な形で手打ちを図るものと思う。)

連邦議会における軍事費の大幅な増強が承認されていくことで、対中国向けだけでなく、中東における軍事的関与も同時に強化されていくことになる。イランの封じ込めをさらに強硬に実現していくために中東の親イラン勢力を一掃するべく、イエメン・

レバノンなどの周辺国への圧力が強化されていくことになるだろう。イラン自身も現在までは穏健派のロウハニ大統領が抑制的な姿勢を示しているが、米国による再制裁の本格化の影響次第では強硬派台頭や統治体制自体の弱体化が発生することも否定できない。それらは中東地域の政情不安を招く可能性があるだろう。

その結果として、中東の政情不安の影響を受けやすい欧州の政治情勢も流動化し、現在ギリギリのラインで維持されているＥＵの難民政策が崩壊し、メルケル政権の息の根を止める雪崩現象が起きる可能性がある。英国のブリグジットだけでなく、イタリア・ポーランド・ハンガリー・オーストリアなどで台頭するＥＵ懐疑派の勢いが増すことになるからだ。ＥＵの結束力の弱体化は逆説的にＮＡＴＯの必要性を高めるため、トランプ政権が求めるＮＡＴＯの軍事費負担へのコミットメントが強化されることも視野に入る。

一方、ロシアについては、表面上は強面の対応を行いつつも、米ロのエネルギー大国同士による利害の一致、そしてイスラム系のテロリストに対する対処などで関係は深化していくものと想定される。米ロ首脳会談でも示された通り、とくにシリアにおける協力関係はイスラエル支援を共通利益として、両国の力でイランの影響力排除を実現することになる。ロシアゲート問題は中間選挙で共和党が上下両院を制することで終わった話題になっていくだろう。２０２０年大統領選挙の直前にヒラリーのメール問題のように蒸し返されることになるだろうが、その影響は限定的なものに留まることになると予測される。

共和党上院敗北・下院勝利のシナリオ

（A）トランプ大統領のリーダーシップの大幅な低下

共和党が上院で敗北、下院で勝利した場合、トランプ政権の運営はかなり支障をきたすことになるだろう。民主党が支配する上院と共和党保守派が牛耳る下院は政策のイデオロギーが１８０度真逆だと言ってもよい。両者の意向が激しく対立することによって、トランプと連邦議会の関係は極めて劣悪なものになっていくだろう。

最も困難な変化は、政府の要職を巡る人事の承認へのハードルが極めて高くなることだ。政府の要職人事には上院の過半数の同意が必要であり、共和党51・民主党49の現在の状況であっても、共和党からわずかな造反が出ることで人事承認に支障が出る可能性があるありさまであった。トランプは時と場合に応じて頻繁に政府高官の首をすげ替えてきたが、民主党多数派の上院ではトランプの都合に合わせた人事変更は許されない。そのため、トランプの政府高官（とくに閣僚）に対する統制力が低下することが予想される。安易に首を言い渡されなくなった閣僚たちは、トランプの方針に対して明確に反旗を翻しても解任が難しくなるからだ。したがって、トランプの奔放な言動に対して首に鈴をつけようとする動きが強化されることになる。

また、同様に賛否が分かれる法案も上院および下院で通過しにくくなるだろう。下院の保守派が推進する追加減税法案などは上院民主党の抵抗でとん挫することになる。逆に上院が進めるインフラ投資政策は下院の共和党保守派の抵抗で規模・速度ともに制限されることになる。そのため、景気対策として有効な政策が実行困難となり、トランプの強みである経済に強い大統領のイメージに傷がつくことになる。

この場合、トランプは国内政策を中心に大統領令・大統領覚書を駆使しながら、下院共和党の支援を得て政策を実行していくことになる。しかし、議会からの十分な支援が望めないため、それらの大統領令・大統領覚書は違憲訴訟の対象として扱われることになり、最高裁の判決が出るまで実現できないケースが増えるために政策実現のスピードは低下していくことになるだろう。

最後にホワイトハウス内でもリベラルなトランプ・ファミリーの存在感が回復する可能性がある。イヴァンカ・トランプやクシュナーの存在感は政権発足当初と比べると低下しつつあるが、それはトランプ政権が保守色を強めてきたことが背景にある。しかし、リベラルな上院が誕生することによって、ホワイトハウスにとっては連邦議会とのあいだでバランスを取るために、トランプ・ファミリーのリベラルな雰囲気をイメージ戦略として利用することも一つの手段となる。ただし、それはトランプのリーダーシップイメージを毀損することにもつながり注意が必要である。

いずれにせよトランプのリーダーシップは大幅に低下することになり、その支持率が回復することもないだろう。このシナリオの場合、２０２０年の大統領再選および下院での共和党過半数維持すらも難しくなることが予測される。

（B）さらに複雑化する米国の外交・安全保障政策

米国の外交・安全保障政策は上院・下院のイデオロギー上の対立を反映し、事実上の機能不全状態に陥っていくことになる。両者の違いが最も際立つシチュエーションは対イラン政策であり、イラン核合意の見直しに対する米国側の姿勢が腰砕けになることが予測される。トランプ政権および下院共和党が対イランで強硬姿勢を示すたびに、上院民主党が圧力行為にストップをかける形となり、ホワイトハウス・連邦議会の足並みを揃えた交渉が極めて困難となる。

また、中東に地上軍を展開するオプションが上院民主党の反対によって難しくなるため、トランプが口頭で脅しをかけるものの、イランに支援される諸勢力の跳梁跋扈を止めることはさらに困難になる。そのため、イラン側は国際社会に融和的な姿勢を示して世論形成を行いつつ、トランプおよび共和党下院の影響力が次回選挙で完全になくなるまで粘り切ればよい。トランプ・イラン両者ともに苦しい状態が続くものの、時間は最終的にイラン側に有利に働くことになるだろう。

トランプが進めている諸外国との通商政策の見直しなどにも強烈な逆風が吹くことになる。とくに民主党議員だけでなく2020年に改選を控えた農業州の上院共和党議員によって、トランプの関税政策の見直しが主導されていくことになる。したがって、現在上院議員のあいだで検討されている大統領の安全保障を名目とした通商権限に対する制限をかける法案が通過することになり、その場合はトランプは拒否権を行使するなどの抵抗を試みる混乱状態になるだろう。

このシナリオにおける中国に対する政策は極めて複雑な状況になる。共和党下院は関税を使った中国への直接的圧力を肯定しつづけることになるだろう。ただし、2020年の上院選挙の構造を見ると、残された共和党上院議員は中国の農産物への報復関税を撤回させたいはずだ。この共和党内の上院・下院でのコンフリクトに対し、上院でマジョリティになる民主党は表面上は中国との関税戦争を批判しつつも、自らも中国の知財政策を問題視しているために、当面は共和党側のせいにして関税を容認する可能性がある。支持基盤である労働組合からの政治的要求を満足させつつ、輸入物価の値上がりや農産物への報復関税の影響で共和党側の支持率のさらなる低下を狙うことが考えられるからだ。

従来までは対中貿易戦争はトランプ・共和党の呉越同舟の状態であったが、そこにさらに民主党の意図も重なる形となって複雑性が増した状況になるだろう。民主党は上記の経済的苦境をトランプ政権の責任とすることで2020年選挙を有利に導きつつ、共和党とは違ったやり方（国際連携・人権問題など）を取って対中圧力を強めるものと予測される。中国にとっては米国側に付け入る隙が生じることは確かであるが、その対処を間違えると共和党・民主党の双方が各々のやり方で中国の知財侵害や人権侵害に対して圧力を強化することにつながるだろう。

対ロシア外交は現状以上よりも距離が生まれることになる。欧州との関係がいくらか修復されることで、ロシアとの関係改善は一層難しくなる。下院共和党はロシアゲートに関してトランプを断固として守るだろうが、上院では民主党によって同問題が度々蒸し返されることになり、トランプとロシアの接近は牽制されることが予測される。そのため、トランプは対ロシア姿勢を強化することが必要となり、ロシアとのあいだで従来から対立しているウクライナやクリミアなどの問題が再クローズアップ化される。ただし、共和党保守派によるEU諸国に対する安全保障費の増額を求めつづける声も残るため、対ロシア向けの関与の度合いで難しい判断を迫られるだろう。

トランプ政権・共和党保守派・民主党の三者によるメッセージの混在は、トランプ政権の外交・安全保障政策をさらにわかりにくいものにしていくことになる。その結果として、時々の状況に応じて政治的妥協が繰り返されることになり、予測が非常に難しい状況になる可能性が高い。

共和党が上下両院で敗北するシナリオ

（A）両手両足をもがれるトランプ大統領

共和党が上下両院で敗北する場合、トランプは完全なレイムダック状態に置かれることになる。連邦予算や法案だけでなく、大統領が有するさまざまな権限にも制約をかける動きが活発化するだろう。共和党にとってトランプ大統領は選挙に負ける無用の長物となり、民主党にとっても叩けば叩くほど得点が稼げるサンドバックとして大いに利用されることになる。したがって、共和党からはトランプ再選を否定するトランプ降ろしが活発化して、大統領選挙の共和党予備選挙でトランプに対する有力対抗馬を求める声が大きくなるだろう。

ロシアゲート問題は事実関係の確認というよりは、政局上のツールとして利用されている面が強く、トランプが連邦議会からの厳しい追及を逃れてきた理由として、共和党が上下両院の多数を占めている状況が有利に働いたことは否定しえない。実際、議会の委員会調査では「２０１６年大統領選挙に米国の民主主義を毀損する意図をもったロシアによる干渉は存在していたものの、ロシアとトランプ陣営が共謀したことは確認できなかった」という報告を行っているが、「誰を当選させるためにロシアが介入したのか」という疑問に十分に応えるものとは言えないだろう。2018年8月現在、モラー特別捜査官の捜査報告がどのようなものになるかは定かではないが、仮に共和党が上下両院で敗北した場合にトランプを守る勢力はワシントンには存在しなくなる。そのため、次期大統領選挙を見据えて同問題を絡めたトランプ降ろしは本格化していくことになるだろう。

共和党内にはトランプに代わる有力な候補者が多数存在している。最有力候補はペンス副大統領だろう。ペンスは共和党内の主流派・保守派からの信任が厚く、現在まで失点を犯さずに自らの職務を忠実にこなしている。一部のリベラルに傾斜した主流派議員を除いて、共和党内からはペンスを大統領候補に押し上げる意見に反対意見が起きるとは思えない。副大統領候補者として有力な人物は、ニッキー・ヘイリー国連大使であろう。女性、インド系、たたき上げの経歴、知事経験、親イスラエル、国際経験など、共和党が選挙に勝つために大統領候補者のランニングパートナーに求めるパーソナリティが全て揃っている。実際、2016年大統領選挙においてもCPACの保守派リーダーたちによる投票で、ヘイリーは副大統領候補者に最も相応しい人物として1位に推挙されていた。そのため、この2名が2020年大統領選挙でトランプに反旗を翻すのではないか、というリークは度々メディアを賑わせている。

また、マティス国防長官もトランプの対抗馬として有力であり、トランプがマティスを正当な理由なく罷免することがあれば、マティスを担いで大統領選挙をやろうとする共和党内の動きは活発化するものと思う。マティスは2016年大統領選挙でもトランプの対抗馬・独立系候補として大統領選挙本選に出馬した場合、トランプとほぼ互角の戦いをできる人物として検討されていた経緯がある。

このシナリオの場合、トランプ側も座して死を待つとは限らないだろう。共和党に見捨てられたトランプが自らの支持者を糾合して大統領選挙に打って出る可能性も捨てがたい。有権者からのダメ出しを受けたとはいえども、トランプは現職大統領として巨大な権限と影響力を有している。それらと持ち前のメッセージ発信力を行使した場合、大統領選挙の有力候補の一角としての立場を維持できるだろう。いずれにせよ、共和党が上下両院で敗北した場合、米国政治は混迷の一途を辿ることになるだろう。

（B）米国から世界に混乱が波及

米国の大統領と上下両院のあいだにネジレ現象が生じることで国内政策は事実上機能不全に追い込まれることになるだろう。景気対策なども有効な施策が打てなくなることで、何らかの経済ショックなどが発生した場合にも機動的な対応が難しくなると思われる。したがって、経済に強い大統領のイメージは次第に崩れていくことになる可能性がある。

また、外交政策・安全保障政策についても国論を二分する状況となるために、力強い政策を押し進めるための政治的な土台が揺らぐことになる。つまり、このシナリオが発生した場合、米国は突発的な事態に対する対応力を失うことになる。その結果として、現在進めている対イラン政策・対北朝鮮政策などへの影響が出ることはほぼ間違いない。

ホワイトハウスと連邦議会との関係が麻痺することで、トランプは従来よりも大統領令に頼る政権運営を強いられることになり、敵対的な連邦議会による予算案や法案などに対して拒否権を行使する機会が増加することは容易に想定される。むしろ、トランプ側の議会に対する配慮がなくなることによって軋轢は増大するものの、強烈な大統領令や行政判断が行われることを想定しておくべきかもしれない。なぜなら、トランプに残された政治的基盤は「米国民によって大統領に選ばれたこと」だけとなり、その正統性を保持するために「大統領選挙時の公約達成」の重要性が増していくからだ。トランプは2016年時の大統領選挙時の公約でいまだ達成していない項目をいくつか抱えたままとなっている。たとえば、いったん見送りとなっている中国に対する為替操作国認定やメキシコ国境の壁建設などを強引に進めようとすることが考えられる。

連邦議会の各勢力との政治的な同盟関係を失うことになるトランプは、逆説的に人事的・政策的にもフリーハンドを手にすることになる。その結果として、バノンなどの非エスタブリッシュメント勢力を再び呼び寄せて、彼らがホワイトハウスに復権することも想定される。政治闘争の構図を非エスタブリッシュメント(トランプ)VSエスタブリッシュメント(連邦議会)の形とすることで、自らへの政治的支持者からの求心力を保つことが重要となるからだ。その場合、中間選挙で勝利したはずの民主党は党内左派の勢力拡大と呼応するトランプのメッセージへの対応に苦慮することになるだろう。共和党上下両院敗北シナリオではトランプ降ろしの可能性も含めて米国政治は混迷を極めることになるだろう。

【まとめ】中間選挙後のシナリオ

1．中間選挙後、２０２０年の選挙に向かって動き出す

▼２０２０年大統領選挙と連邦議会議員選挙の構図

（A）２０１８年中間選挙が終わると、米国政治は２０２０年大統領選挙・連邦議会議員選挙に政治闘争の舞台が移る。そして、製造業州を重視する大統領選挙と中西部・南部を重視する上院選挙の利益相反が起きることになるだろう。

（B）景気循環に伴う長期の景気回復が終わりに向かうことで、インフラ投資などの財政政策によるテコ入れや上院選挙区事情による農産物・エネルギーの輸出拡大などが政策上の重要事項となる。

▼中間選挙後に予想される4つのシナリオ

(A) 中間選挙で共和党の「上院勝利・下院敗北」「上下両院勝利」「上院敗北・下院勝利」「上下両院敗北」の4つのシナリオのいずれが起きるかによって、2020年に向けた米国政治の政局は様変わりすることになるだろう。

(B) 中間選挙の結果は、「トランプ」「共和党」「民主党」の関係性を変化させることにつながる。通常は地味なイベントである中間選挙が米国政治の根幹を揺るがす地殻変動を起こす。

(C) 共和党は、資金調達面・団結力などの面から問題を抱えており、下院選挙での過半数獲得の見通しは不透明な状況である。

2. 中間選挙後のシナリオの分析

▼共和党上院勝利・下院敗北

(A) 下院共和党を牛耳る保守派の影響が低下し、トランプと共和党の蜜月関係が終焉を迎える。トランプは共和党主流派・民主党指導と政治的な妥協を行うことで公共事業バラマキ政策にシフト。

(B) 共和党主流派が主導権を握ることで諸外国との協調をメインとした外交・安全保障政策に回帰する。ただし、中国に対しては関税政策で手打ちを行うものの、安全保障上の警戒態勢は継続することになる。

▼共和党上下両院勝利

(A) 共和党内でのトランプ色が強化されていくことで党内から反対勢力が消滅

していく。民主党左派勢力の影響力拡大によって、米国政治・社会の分断が著しく進むことになる。

Ⓑ対外的な強硬姿勢は進むことになり、中国とのあいだで「台湾」を巡る問題が深刻化する。また、中東への介入による政情不安が発生し、EU懐疑派の影響力が増大することになる。

▼共和党上院敗北・下院勝利

Ⓐトランプが政府の要職の人事権を実質的に失うとともに、上院・下院のイデオロギー上のコンフリクトによって、新たな景気対策の実現性も大幅に低下することになる。そのため、トランプのリーダーシップに疑問符がつけられることになるだろう。

Ⓑトランプの外交・安全保障政策は複雑性が増加することになり、対イラン、対中国、対ロシアなどに対するトランプ・共和党・民主党のメッセージの混在を読み解く作業が必須となる。従来よりも予測が困難となる。

▼共和党上下両院敗北

(A) 共和党内のトランプ降ろしが現実味を帯びることになり、とくにロシアゲート問題が深刻化することが懸念される。トランプ側も自らの支持者を糾合して反撃に転じる可能性がある。

(B) トランプ派上下両院と対峙することになるため、実質的なレイムダック状態に陥る。自らの正統性を示すために大統領令濫発などの公約実現に走り、バノンらの非エスタブリッシュ勢力も復権する。

日本の対米外交戦略は変わるのか

――2020年大統領選に向けた提言

1. 日本の対米外交戦略を見直す

米国の政局に振り回される日本

（A）オバマ時代の日本政府の冷静な外交戦略

筆者は日本の対米政策は２０１６年大統領選挙前後でガラッと変わったととらえている。オバマ政権時代の日本の外交・安全保障の原則は、米国の顔色を伺いながら日本の国力に見合った形で「得るべきものを得る」やり方であったように思う。とくに中国と一定の距離を取りながら、日米豪による安全保障の枠組みを構築し、ＴＰＰ（環太平洋パートナーシップ協定）で東南アジア諸国を取り込み、そして対ロシア・対インドの関係強化を図った取り組みは日本政府として合理的な一貫性を有していたように思う。(イデオロギー上の妥当性、コスト感覚、過度に相手に謙った演説、外交政策の成否は別として。)これはオバマが日本に対して冷淡であったことで、日本側が独自の外交政策・安全保障政策をもつ必要に迫られた帰結であったものと想定される。

日本には米国のような圧倒的な軍事力は存在せず、相手国との信義に基づいて一つひとつ丁寧な外交上の積み重ねで成果を得ることが求められる。仮に2016年大統領選挙でヒラリーがトランプに勝利していた場合、日本政府はオバマ時代の政策を踏襲することで、米国を含むTPPを実現することで中国に圧力をかけ、「一帯一路(シルクロード経済圏構想)」の影響力を排除して日米豪印によるアジア太平洋地域の安全保障を確立しつつ、欧州とのEPA(経済連携協定)を確立して交易を拡大し、さらにロシアとのあいだで領土問題を進展させることができた可能性もあった。

2009年からの民主党時代の右往左往で混乱した対外政策を引き継いだ第二次安倍政権の通商政策・外交政策・安全保障政策のレベルは概ね高いものであり、上記の全ての果実を得られたとは思えないものの、望んでいたいくつかの華々しい成果を上げることができたに違いなかった。

（B）2016年トランプ大統領誕生後の対米戦略

２０１６年にトランプ勝利を想定していなかった日本政府は一時的に混乱状態に陥った。だが、「虎穴に入らずんば虎子を得ず」の精神で、トランプと安倍首相の度重なる面談を実現し、トップ同士の表面上の良好な関係を構築することに成功している。世界の首脳のなかでもトランプと突出した友好関係をつくったことで、日本に対するトランプのメッセージは軟化し、得体の知れない存在だったトランプへの恐怖心はいくらか和らいでいくことになった。日本政府はトランプの意向を忖度する形でさまざまなプレゼント（ゴルフクラブ献上から軍事兵器の購入まで）を用意し、成金の社長を接待漬けにするような対応を取ることで、当初想定されていた強面の対日交渉を回避することができたのである。

トランプが中国・欧州との貿易戦争を開始しているなか、鉄鋼・アルミ関税などで流れ弾を食らったものの、日本は粛々とＴＰＰ11や日欧ＥＰＡなどの自由貿易協定の枠組みを推進し、ＲＣＥＰ（東アジア地域包括的経済連携）のような中国・インドを含めた枠組みづくりにも取り組んでいる。ただし、これらは日本政府が独自の戦略的な行動を取れていたオバマ時代に推進したレガシーでしかない。

一方、トランプと安倍首相の首脳同士の過度な接近は新たな問題を生み出しはじめている。どのような政策判断にも良い面・悪い面が存在しており、それはトランプとの関係であっても例外とは言えないものだ。日本政府はオバマ時代と異なり、米国大統領との個人的な関係に過度に依存し、外交戦略上の重要な部分で自らの一貫した合理的な外交政策を放棄しつつある。筆者には他国の元首の意向が日本側の行動を規定し、その行動の自由が制約されつつあるように見える。

(C) 日本政府の判断・行動を蝕むトランプ政権の意向

日本政府の判断が狂った最大の事案は北朝鮮外交であろう。2017年の米朝間の緊張の高まりを受けて、日本は一貫して北朝鮮への圧力強化を主張し、トランプ政権の方針に歩調を合わせてきた。ただし、本書でも解説してきた通り、トランプ政権にとっては中東が最優先事項であることは明らかであり、最終的に日本政府が東アジア情勢で梯子を外されることになるのは当然であった。

もちろん、日本政府内でも同様の懸念をもっていた人は少なくなかったと思う。しかし、そのリスクを懸念する主張は日本では2016年以降の「トランプとの個人的関係をテコとする外交」と矛盾するものであり、危機的状況に対して警鐘を鳴らす声は大きくなりようがなかった。米朝首脳会談を巡って、米国の意向に合わせて安倍首相や菅官房長官の発言がわずか数日のあいだに二転三転したことは、対北朝鮮政策における日米間の意思の疎通に問題があることを露呈した。安倍首相は日米首脳会談に前後して頻繁にトランプとのやりとりに臨んだが、むしろそれは日本独自の戦略実行の結果というよりもトランプに注進するという程度のものでしかなかっただろう。

結果として、中国・ロシアなどが明らかに世界的な視野をもって北朝鮮問題を扱っていたのに比べて、日本の外交戦略のお粗末さが極めて目立つことになってしまった。この問題については韓国や北朝鮮にすら相手にされない状況となっており、トランプと安倍首相のあいだに良好な関係があったことが裏目に出ている。筆者は米国の関心を東アジアに留めるためにも安倍政権以上に北朝鮮に対しては強硬な態度を示すべき(核武装の脅しも含めて)という論者であるが、日米間で起きうる摩擦を恐れてトランプとの個人的関係を外交上の基盤とする現政権には土台無理な話だろう。

二重・三重の対米外交チャネルを構築せよ

（A）トランプ一辺倒の対米外交をやめる

日本政府はもともと国務省と関係が深いシンクタンクであるCSISとのチャネルなどを重視するオーソドックスな外交スタイルを取ってきた。現在でもゴールデンウィークになると親米派の国会議員がCSISに訪問して意見交換を行うことが慣例となっている。日本の官僚・研究者らも米国留学の際にはそれらの人びとが教授職を務める大学（ジョージタウン大学など）に所属し、日米間の人的チャネルの構築に努めてきている。この外交チャネルは従来までの国際政治・米国政治の環境であれば相対的に有効に機能していた。

しかし、2016年の大統領選挙の過程で、CSISのジャパン・ハンドラーズはトランプ政権と対立して政権からパージされる状況となってしまった。最近ではCSISとトランプ政権のあいだの関係も修復されつつあると聞いているが、日本政府関係者が肝を冷やしたことは容易に想像できる。だからこそ、トランプとの個人的な関係に活路を求めて、ニューヨーク人脈などを利用して同ファミリーに接近する無理筋な方策を選んだのだろう。

前述の通り、このこと自体は良い面・悪い面があるものの、真の問題は日本政府の外交チャネルが少なすぎたことにある。つまり、トランプ政権が誕生したところで、日本政府と共和党保守派とのあいだで太いパイプをもっていれば、粛々とそのパイプを通じて対米外交戦略の立て直しを図れば良かったはずだ。しかし、筆者がワシントンD.C.で見た限りでは、日本政府は共和党保守派との関係はほとんど有しておらず、むしろ既存の外交チャネルである共和党主流派・民主党関係筋と対立関係にある共和党保守派からは意図的に距離を取ってきた印象すら受ける。

外務省は保守派との関係構築の一環として、2018年1月に筆者と親しい仲にある保守派の重鎮である、全米税制改革協議会のグローバー・ノーキスト議長を日本に招くなど積極的な動きを見せつつあるが、むしろ重要なことはワシントンD.C.における日常的な人脈形成であり、イデオロギーや実利レベルでの調整を踏まえた濃密な人間関係の構築であろう。とくにノーキスト氏は保守派のなかでも親日的な人物として知られており、潤沢な資源と人材をもつ日本政府が同氏を招くことであたかも新たに仕事を行ったように見せることはナンセンスである。

(B)「生きた」ネットワークを構築する

ワシントンD.C.には世界各国からさまざまなバックグラウンドをもつ人びとが送り込まれている。筆者は比較的自由主義的なイデオロギーをもつ保守派の人びとと良好な関係を有しており、彼らが主催する会合やイベントに参加させてもらうことが多い。とくに全米税制改革協議会が主催する非公開・招待制の保守派の会合である「水曜会」などは人脈構築の場として極めて有意義な場所となっている。(ちなみに、保守派の会合では筆者の関係者以外の日本人を見かけることはほとんどない。)

そのような場には、米国の政治関係者とつながりをもちたい外国人も参加しており、ベネズエラの窮状を訴える組織から、エネルギー関係のエージェント、ユダヤ教やキリスト教の国際的な宗教関係者までさまざまな人びとが自らの主張に興味をもってくれる人を探している。

筆者の場合は、自分自身と政治的な価値観が合う人たちとの意見交換が目的であるため、話の前提が共有されていることからリレーションの構築が容易である。

一方、このような活動を大規模かつ恒常的なものとして行っている東アジアの国もある。台湾である。台湾は最近 Global Taiwan Institute というシンクタンクをワシントンD.C.に立ち上げている。表面上は在米台湾人の若者が立ち上げた研究機関のようになっているが、アドバイザリーボードなどを見る限りでは、共和党関係者と台湾関係者による強力なネットワークが背景にあることが容易に想像できる。台湾系アメリカ人は絶対数は少ないながらも、イデオロギー・票田の両面から貴重な存在となっている。筆者は同団体のメンバーと保守派会合で簡単にあいさつをした際、日本と比べて小国ながらもしっかりとした外交を行う意志があることに感銘を受けた覚えがある。

筆者が想定する「生きた」ネットワークとは、イデオロギー（価値観）を共有する人脈のことである。ワシントンD.C.においては、専門性も重要ではあるが、人脈づくりには細かく分類されたイデオロギー上の調整が極めて重要である。逆にイデオロギー上の合意がある場合、多少の意見の相違があったとしても、信頼関係がある仲間としての扱いを受けることができる。そうすることで、初めて米国側とのあいだで信頼関係の構築ができるようになると言えるだろう。

（C）ロビイングのための専門人材を育成する

日本人はイデオロギーに対する感度が鈍すぎるばかりか、その振れ幅の許容範囲が極めて狭い傾向がある。日本社会という「官の意向」がイデオロギー上の頂点に立つ同質化したヒエラルキー社会であれば、むしろ政治的なイデオロギーなどは市民生活を送っていくうえではかえって邪魔なものかもしれない。しかし、米国のように高度に発達した政治社会においては、政治思想やイデオロギーに対する理解は当然の素養となっている。そのため、自分のような人間は自らが何者であるかを常に証明する必要があるため、メール一つを送るうえでもイデオロギー上の配慮を事欠かないようにしている。

同一人物が複数の異なるイデオロギーをもつことは困難であり、日本政府またはその関係者がワシントンD.C.において政治関係者と密接な関係をもとうとするなら、多種多様なイデオロギーを体得した人材を数多く育て上げて現地に送り込むことが必須である。そして、相手と共通する価値観をもったうえで何らかの共同プロジェクトに取り組む必要がある。そうすることで、単純な利害関係を超えた一段深い人間関係を構築することができる。

このような人材は一朝一夕に育つことはない。これらの人材育成は日本政府や外務省の仕事というよりも、自民党をはじめとした政党が独自の外交チャネルとして本来育成しておくべき人材のタイプであろう。そのうえで、日本政府は積極的にそれらの人びとに陰に陽に活動を支える協力を行っていくべきである。人材育成は非常に時間がかかる作業であり、ワシントンD.C.や世界各国の首都で活躍する筋金入りのロビイストの育成は外交力を強化するうえで急務である。

2.「自由主義VS権威主義」の時代の日本の戦略構想

外交のイニシアティブをとるための条件整備

(A) 日本人のアイデンティティーを再形成する

トランプ政権およびトランプ以後の政権を見据えた場合、米国が未曽有の政治的混乱に陥っていく可能性を考慮し、日本は「世界の盟主なき後の政治」を念頭に戦略を練り直す必要がある。そのためには、月並みではあるが、「日本人とは何か」ということを改めて自問しなくてはならない。しかし、その意味は国内の伝統的な右派が述べている「日本の歴史を勉強する」といった類いのものではなく、「近代人としての日本国民」が自らの価値観の立脚点をどこにもつのかということを指す。

20世紀前半に「自由主義VS全体主義」、そして20世紀後半の「自由主義VS共産主義」の戦いが終わって久しいが、21世紀は「自由主義VS権威主義」に対立の構造が移りつつあると私は見ている。

中国・ロシアなどの権威主義的な大国は、自由主義的な西側諸国の政治体制・経済体制を緩やかに浸透させ、社会の体質を知らぬ間に変えようとしている。権威主義国による挑戦は、露骨なイデオロギー対立の形式をとらないため、過去の対立軸よりも巧妙に相手国の社会に浸透する。過去に共産主義と戦った政党や政治家の一族が世襲化し、一部の特権階級内で社交を重ねるあいだに本人たちすら気がつかないなかで、いつの間にか権威主義国と変わらない統治体制になっているといった具合にだ。

近代史において、日本は東アジアで最初に議会をもった先進的な国である。それは福澤諭吉をはじめとした開明的な人士によって全国に普及した政治思想教育の賜物であった。そして、多くの若者が政治に挑戦する道がひらかれていた。

また、当時多くの民間経営者が世界を見据えた輸出産業を興して地場産業の基礎を築いた。戦後であっても、西側諸国の一員として国際社会に復帰した日本は、戦災を免れた民間工場が生産現場に戻り、経営者が国際市場に果敢に挑戦したことで日本の高度経済成長を実現した。日本の発展は権威主義的な政府による政策だけでなく、自由で開かれた政治体制・社会体制がもたらしたものである。そして、多くのアジアの指導者を受け入れてアジア地域の自由化・民主化に貢献していた歴史もある。

このようにとらえた場合、日本が東アジアおよび国際社会で主張するべき価値観は明白であり、日本人は自らのアイデンティティーの強みについて自覚的になるべきだと考える。アジア地域において「権威主義体制に与しない大国」「真の自由主義と民主主義が行われる国」という独特の位置づけは、多くのアジアの未来を背負う人材を惹きつける魅力ある国となる重要な要素となるだろう。

(B) アジア最大の都市・東京を「アジアのワシントンD.C.」にする

シンガポールはその地理的条件・都市的条件を活用し、東アジア・東南アジア地域のセンターハブの一つとして有力な地位を築いてきた。同国は米朝首脳会談において中立的な第三国を選ぶ際に、ホスト国としてサービスを提供できる数少ない都市国家としてそのブランド力を遺憾なく発揮した。急速に発展してきた中国も北京・香港・沿岸諸都市において大国外交をリードするべく積極的な活動を行っている。それらの都市に蓄積される情報・人材のネットワークは目に見えない形で確実に日本との外交力の差をつける要因となっている。

東京はアジア最大の都市であり、自由度・開放度の高い民主主義国の首都でもある。海外からの人材の来訪も多く、東アジアで競合する諸都市と比べても遜色ない都市としてのクオリティーをもっている。しかし、東京には政治的意志が欠落しており、この都市で育った人材が世界の政治舞台で活躍することはほぼ皆無であろう。

また、多くの留学生を受け入れているものの、それらの人材が母国を主導する人材になるかと言えば疑問符がつかざるをえない。これは東京には志高い人材を惹きつける「大義」と「仕組み」がないことに原因がある。

「大義」という面では前項で述べた通り、日本人が近代史上のアイデンティティーを確認し、アジア地域において自由で開かれた政治体制を構築することを前面に掲げるべきだ。したがって、実際の課題はその大義を実現するための態勢づくりということになる。筆者はそのモデルケースとしてワシントンD.C.を参考にすべきと考える。東京は一国並みの経済力をもっているが、単純な経済力勝負であれば早晩中国の諸都市に追いつかれることになるだろう。その場合、日本および東京が打ち出す強みは、自由主義陣営側の世界・東アジアの情報が集中する政治都市ということになる。

ただし、一朝一夕にその態勢を築くことは難しい。そこで、最初に行うべきことは、米国を中心とした世界の有力シンクタンクや外国の大学の東京支部開設を行うことだろう。

また、国際機関の誘致にも全力を注ぎ、政治分野での情報のグローバル化・普遍化を同時に進めることが望ましい。さらに現在のように日本政府と密接な関係をもつ一部の人びとだけが政策に影響力をもつあり方を是正するため、とくに政党は開放的な政策立案チャネルの構築に力を注ぐべきである。これらの地味に見えるが重要なソフトインフラの強化が東京のポテンシャルを引き出し、中長期の日本の外交の礎を築くことになる。

(C) アジア各国の大衆の心をつかむ言語で情報発信する

日本は情報発信が極めて脆弱であり、わが国の主張が海外で聞かれることはほとんどない。それはアイデンティティーなき政治の結果であり、米国の友人からも「日本人は日米同盟が大事というが、それ以外何をしたいのかさっぱりわからない」とザッパリと切られることもしばしばである。しかし、近代史上のアイデンティティーを再認識し、将来的に情報収集・情報発信のためのソフトウェアの強化を行うことでその点を補っていくことはできるだろう。

その際、筆者が重視していることは、外国の国民向けの強力な情報発信体制を整備することである。米国のオピニオン誌に日本人の言論が載ることは少なく、まして共和党保守派の言論空間ともなれば絶無と言ってもよいだろう。このような状況では米国世論に対して影響を与えることは至難であり、米国政治に影響を与えることはできない。

たとえば、拉致問題一つをとっても、トランプが北朝鮮問題の一環として拉致問題にコミットしたことを保守系論壇誌や中間選挙の選挙区に影響力があるメディアに継続的に掲載できれば、トランプ政権は拉致問題にさらに真剣にコミットせざるをえなくなるはずである。北朝鮮の人権状況改善と北朝鮮外交の成否をどれだけ一体のものとして米国の大衆に認識させられるかは、日米首脳会談で言及することとあわせてトランプ政権の外交戦略に確実に影響を与える要素である。

現在、日本は英語による情報発信すらままならない状況であるが、アジアでは英語は大学教育以上の水準の教育を受けた人びとにしか伝わらない。とくにある程度以上の込みいった内容の情報発信であれば、一定以上のインテリ層にしか情報が伝わることはないだろう。もちろん、英語を解するインテリ層の人びとは各国のオピニオンリーダーである可能性が高いのだから、それらの層を重視した情報発信体制を整備することの意義は大きい。

しかし、筆者はアジアにおける自由主義・民主主義大国としての地位を日本が確立していく場合、各国の大衆の心をつかむ言葉で、外交政策・安全保障政策上のメッセージを打ち出すことが重要なことであるように思う。アジア各国で中間層が台頭するなかでは、従来までのように一部の地元有力者と提携するだけでは、それらの国の政治と良好な関係を築くことは難しい。なおかつ日本と競合的な関係にある権威主義国はそれらの上層部を押さえる形でアプローチを行うことが得意である。だからこそ、幅広く大衆レベルでの親日の雰囲気を形成することが重要であり、それらは必ず外交政策上のレガシーとなるだろう。

これは政府広報の課題だけでなく、主要政党の国際広報のあり方の問題でもある。主要政党は国際局をもっているが、各国要人往来時の接遇などがメインとなっており、自らの政治理念をアジア地域に拡げていこうというレベルでの活動には至っているようには見えない。日本の経済力の位置づけが相対的に低下していく見通しのなかで、アジア諸国が政治的影響力をもたない日本に敬意を払いつづけてくれる時間は残されていない。日本の政治関係者は国際広報のあり方を根本的に見直していくべきである。

日本人の生命・財産をどう守るのか

(A)「米中覇権争い」と「憲法9条論議」から脱却する

トランプ政権・共和党政権が継続する場合(または、それが民主党政権に交代したとしても)、米中の覇権争いは継続して激化していくことになるだろう。トランプ政権は習近平に近い親中派の人材を要所に配置しており、イザというときのための二重外交体制を整えているが、米中の大規模な軍拡がはじまっている以上、対決路線は規定のものと言える。とくに米軍・中国軍は海上戦力を急速に整備し、アジアの海における軍事力の均衡を保つべく熾烈な争いを展開していくことだろう。

北朝鮮問題の本質も米中対立が背景にあることは言うまでもなく、現在までのところ米国側の事情もあって惨事は回避されているが、それでも偶発的な衝突リスクは依然として残っている。

また、トランプ政権が力を入れる台湾への軍事的・政治的支援は、米中間の緊張を極限的なレベルにまで高める可能性があり、場合によってはキューバ危機の再来のような事態に陥るかもしれない。さらに、このようなわかりやすい大きな話だけでなく、中国によるグレーゾーンでの威嚇行為が紛争へとエスカレートしないとも限らない。

しかし、日本国内ではいまだに憲法9条を巡る教条主義的な議論が国会の審議の場で行われている。憲法9条を守れば平和が維持されるわけでも、憲法9条を改正すれば戦争に勝てるわけでもない。このような状況下において、日本政府は米国の同盟国としての関係性を強化し、米軍から軍事兵器の購入を増加させて、防衛力の強化に本腰を入れはじめている。筆者は新安保法制の整備などは当然のことであり、議論の余地もないことであったと思う。米中の軍拡競争という現実に向き合い、そのなかでどのような軍略および兵装を整えるべきか、という当たり前の議論が必要とされている。

(B)「東アジアの軍縮」を実現する軍事力をもつ

筆者が東アジアの未来で一つだけ明確にわかることは日本が軍拡競争に参加をしても勝ち目がないということである。もちろん、これは日米同盟を破棄せよとか、自衛隊を解散せよ、というような不毛な話ではなく、人口減少で経済成長も鈍化した日本が重厚長大型の軍拡競争に参加したところで中長期的には敵対国に対抗できなくなるのは自明だという意味だ。

したがって、中国・米国なども含めて、緊張が高まる東アジア地域の「軍縮」に関する取り組みを日本がリードして行うべきと考える。もちろん、中国は軍事費などの透明性が低い問題国家なので一筋縄ではいかないことは認識しているが、困難であったとしても向き合わなければならない課題であろう。

東アジア（東南アジアを含む）は急速な経済成長を経るなかで顕著な軍事費増加が継続している。中長期的には軍事費増加は健全な経済成長を鈍化させることにもつながり、また偶発的な紛争を招く誘因をつくる結果にもつながりかねない。日本政府が行うべきことは、これらの国々の軍拡を招く恐怖の連鎖を取り除く仕組みづくりであり、わが国自身が北朝鮮や中国の脅威に悩まされる状況を是正することである。

また、米国は対中国への圧力を強めるものの、相対的な国力低下や東アジア地域以外での紛争などの課題を抱えており、東アジアの平和のために求められる役割を十分に果たせない可能性が高い。

そのため、逆説的ではあるが、日本政府は従来までにはない攻撃力を備えた独自の戦力をもつ必要があると考える。軍縮は敵対国からの攻撃による被害の懸念があるからこそ進むものであり、現状の自衛隊のように「専守防衛能力」しかもたない軍隊は

「ホコタテ」の軍拡競争を招く性質のものである。

たとえば、北朝鮮が日本に向けた中距離ミサイルを放棄させるためには、日本も攻撃能力がある中距離ミサイルを整備して相互軍縮の形式を整えることが必要であろう。（実際、米国と旧ソ連による陸上に配備された中距離弾道ミサイルに関する軍縮の動きなどは、ＮＡＴＯがワルシャワ条約機構に軍縮圧力をかけるために一時的に軍拡を行うという二重決定が影響したことが知られている。）

また、中国と現実的に向き合っていくためには、米製兵器の購入だけでなく、サイバー攻撃能力をはじめとした通常兵力とは非対称的な戦力構築が重要となってくる。権威主義体制の国々を相手に国際的な外交交渉だけで話が通じると思っていることは間違っている。また、イージスアショア（陸上イージス）などの高額な兵器を米国から購入することで、自国の防衛兵器産業を育てるための資金配分を怠るようなことがあってはならない。適切な軍事力・防衛産業をもつことは自国の防衛のためだけでなく、軍縮を開始するためのテコにも成りうることが認識されるべきだろう。

あとがき

トランプ大統領に対して世界中の人びとが罵詈雑言を並べているが、世界の指導者のなかで同氏ほど民間企業経営で成果を上げた人物はいない。また、同氏ほど政治家になる以前から名前が知られていた人物もいないだろう。

もちろん、民間企業経営やタレント業は政治家と違うという人たちもいる。それならば、なぜ多くの政治家は彼らの本業である「政治」の分野でトランプ大統領に敗れたのだろうか。筆者は、その理由として、ポピュリズムに踊らされた民衆がトランプを求めたというステレオタイプな理解ではなく、同氏が単純に「政治」の世界でも優れた才能を発揮したからにすぎないものと考える。また、米国にそのような人物が頭角を現すことができる政治システムがあるということでもあろう。

日本では世襲政治家が増加しており、政治は一部の特殊な業界の人たちの世界となっている。日本は米国と違って政党の候補者を選ぶ際に予備選挙が存在していない。

そのため、政治の世界に外から挑戦することは極めて困難であり、多くの有権者は選挙区の支持政党の候補者を自分で選ぶことすらできない実質的な半封建社会のなかで暮らしている。

欧米先進国の政治は良くも悪くも民主主義が機能しており、選挙を通じて社会の変化がインプットされるため、そこから出力される政策的なアウトプットもダイナミックなものになる。そのダイナミズムは民主主義が実質的に機能不全に陥っている日本とは比較にならない。

したがって、欧米の変化のスピードと振れ幅を目の前にして「予測不能」と称して思考停止することなく、「現地で常に何が起きているのか」を公開情報とフィールドワークで追いつづける努力が重要である。とくに米国の政治は日本へのインパクトが大きく、情報収集・情報分析を多角的な視点から行うことが常時求められる。

筆者の従来までの活動は、政府関係の委託事業ではなく、米国情報を必要とする民間企業や政治関係者の人たちによって資金面から支えられている。また、米国だけでなく世界中の保守主義者やリバタリアンの仲間との協力も欠かすことができない。この場を借りて皆様への謝辞を述べたい。

筆者の今後のアプローチは、米国と日本のあいだを直接的につなぐシンクタンクを創設することを念頭に、広く一般の日本の世論に社会変革を働きかける活動に重点を置いていく予定である。それらの活動が日本および日本国民に資するものになることを願う。

渡瀬裕哉

【著者紹介】
渡瀬裕哉（わたせ・ゆうや）

パシフィック・アライアンス総研所長、早稲田大学公共政策研究所招聘研究員
早稲田大学大学院公共経営研究科修了。トランプ大統領当選を世論調査・現地調査などを通じて的中させ、日系・外資系ファンド30社以上にトランプ政権の動向に関するポリティカルアナリシスを提供する国際情勢アナリストとして活躍。ワシントンD.C.で実施される完全非公開・招待制の全米共和党保守派のミーティングである水曜会出席者であり、テキサス州ダラスで行われた数万人規模の保守派集会FREEPACに日本人唯一の来賓として招かれる。著書に『トランプの黒幕 共和党保守派の正体』（祥伝社）。テレビ朝日「ワイド！スクランブル」などにコメンテーターとして出演。雑誌『プレジデント』『週刊ダイヤモンド』などに寄稿多数。

日本人の知らないトランプ再選のシナリオ
——奇妙な権力基盤を読み解く

初版１刷発行●2018年 9月30日
　　２刷発行●2018年10月10日

著者
渡瀬裕哉

発行者
薗部良徳

発行所
㈱産学社
〒101-0061 東京都千代田区神田三崎町2-20-7 水道橋西口会館
Tel.03(6272)9313(代)　Fax.03(3515)3660
http://sangakusha.jp/

印刷所
㈱ティーケー出版印刷

ISBN978-4-7825-3506-6　C0031